大学事務職員のための
日中留学交流の手引き

切通しのぶ

黒田千晴

澤谷敏行（代表）

春木紳輔

松尾　隆

山本忠士

吉川明美

大学事務職員のための日中留学交流の手引き

切通しのぶ・黒田千晴・澤谷敏行(代表)・春木紳輔・松尾隆・山本忠士・吉川明美著

まえがき

　独立行政法人日本学生支援機構の統計によれば、日本にいる外国人留学生数は、平成 16 年 5 月 1 日現在、117,302 人で、そのうち中国大陸からの留学生は 77,713 人で全体の 66％を占める。留学生 57 万人を受け入れている米国において、留学生問題を専門に協議・研究しているNAFSA：Association of International Educators の年次総会では、中国人留学生の問題が取り上げられない年はなく、世界の留学生問題が中国人留学生問題であるといわれるほどである。同様の組織が日本では、特定非営利活動法人 JAFSA（国際教育交流協議会）であり、JAFSA の中に中国を専門的に研究するグループとして中国 SIG（Special Interest Group）が存在する。本書の執筆者は全員中国 SIG に属している。JAFSA 中国 SIG は、1997 年に発足し、大学、日本語学校の教職員等で構成され、日本と中国の交流で日常的に起こってくる様々な問題に対して、より早くより多くの情報を収集し、分析し、幅広い面での情報提供を行ってきた。その中で特に全力を上げて取り組んだのは、留学ブームにつけこんだ悪徳業者による証明書偽造の問題である。

　現在中国では、一人子政策で生まれた子供が大学に進学する時期を迎え、また中国経済の高度成長が続く中で、人材育成のための急激な教育改革が進み、中国の教育事情も一変した。また日本からの中国大陸への留学生も 2 万人近くまで増加し、日本と中国の留学交流、学術交流の内容も大きく変化した。そしてこれからブロードバンドのような交流の時代を迎えようとしている。このような広範で頻繁な交流時代の到来によって、事務の専門化、高度化が進み、事務担当者への負担も大きくなってきている。

　本書は、中国との留学交流業務に関わる知識やノウハウを公開し、日本の大学の事務担当者を支援することを目的とし、7 名の執筆者がそれぞれの留学経験と長年の実務経験を生かし、現状を分析し、問題点を指摘した。また証明書の偽造問題では、真偽鑑定の方法と実例を掲載した。本書は大学に限らず日本語学校等の中国と交流をもつ教育機関も対象としている。日本人の中

国留学や中国人留学生の受け入れ、中国との学術交流等に携わる事務担当者が、交流実務の手引きとして活用していただければ幸いである。

　最後に執筆者を代表して、情報収集と編集にご協力くださった大島秀文氏ほか中国 SIG の皆さんに心から感謝申し上げる。また本書の出版を快諾してくださった関西学院大学出版会に心から感謝の意を表する。

2005 年 3 月
澤谷敏行

目　次

まえがき……………………………………………………………………………3

第1部　受け入れ編 ……………………………………………………………9

第1章　中国人の大学受験から入学 ………………………………………9

1　入学試験の方法　9
2　入学試験による日本語能力の判定　10
3　中国中等職業学校と受験資格問題　11
4　受験資格の判定　12
5　各種証明書の真偽と偽造対応チェックリスト　14
6　合格通知と在留資格の取得・変更　16
7　経費支弁能力の判定と保証人　17
COLUMN1　友達づきあいにみる文化事情－朋友と老朋友　19
COLUMN2　地場産業の発展と中等職業教育－3年＋αの誕生　20

第2章　中国人の大学入学から卒業……………………………………22

1　オリエンテーション　22
　(1)入学時のオリエンテーション　(2)在学中のオリエンテーション　(3)卒業前（帰国前）のオリエンテーション
2　奨学金の募集と応募結果の通知　24
　応募できる奨学金の種類／奨学金制度と募集の時期／選考の方法／応募結果の通知／採用者への説明会／採用後のケア
3　アルバイトと資格外活動　26
　(1)資格外活動の申請と申請取次者の業務　(2)資格外活動（アルバイト）の注意
4　入国管理、在留管理トラブルの実際と対策──資格外活動逮捕者の事例　28
5　日本での就職できる業種　29
COLUMN3　一人子にみる文化事情　30
COLUMN4　外来語にみる文化事情　31

第2部　派遣編 …………………………………………………………………33

第1章　日本人の中国留学…………………………………………………33

1　中国留学の方法　34
　(1)留学目的　(2)公費留学生と自費留学生　(3)留学の資料請求先と申請時期　(4)留学先大学の選び方　(5)入学資格と学歴レベル　(6)HSKと留学に求められる中国語レベル　(7)学費と生活費　(8)私費留学の出願手続き　(9)査証申請と「外国人居留」の届出義務　⑽「外国人体格検査表」と健康診断
2　漢語進修生とはどんな学生　46

3　現地の学校の様子　48
　　　　(1)留学生の宿舎事情　(2)留学生の食堂事情　(3)留学生の通信事情
　　COLUMN5　通信にみる文化事情　その1　50
　　COLUMN5　通信にみる文化事情　その2　52
　　4　奨学金　52
　　　　(1)中国政府奨学金　(2)日本政府奨学金
　　5　留学情報　56
　　6　各種中国語検定試験　57
　　COLUMN6　留学生宿舎の「後勤社会化」(アウトソーシング)　59
　　COLUMN7　中国における外国人留学生の偽造書類　60
　　COLUMN8　SARSにみる庶民の文化事情──SARSから得たもの　60
　　COLUMN9　その1　中国の大学院における「師弟関係」　62
　　COLUMN9　その2　中国の大学院における「師弟関係」　63
　　COLUMN10　論文にみる文化事情　64

　第2章　日本人の短期中国語研修プログラムによる派遣………… 65
　　1　短期中国語研修の企画　65
　　　　(1)日程　(2)費用　(3)プログラム内容　(4)小旅行、課外活動　(5)その他の企画上の注意
　　2　オリエンテーションと反省会　70
　　　　(1)事前の心構え　(2)学習目的　(3)生活上の注意　(4)健康管理　(5)安全管理　(6)現地でのオリエンテーション　(7)現地での反省会と帰国後のまとめ
　　3　トラブルと緊急事態への対処　72
　　　　(1)トラブルの事例　(2)現地での連絡体制の確立　(3)病院と緊急連絡先　(4)日本への緊急連絡体制
　　4　学生引率者の仕事　75
　　　　(1)研修スケジュール、施設設備の確認　(2)学生の生活指導、健康管理　(3)授業の参観　(4)公式行事への参加　(5)緊急事態への対処
　　COLUMN11　土産物にみる文化事情　77
　　COLUMN12　中国の宴会の席順　78

第3部　日中の大学間交流編　……………………………………… 79
　　1　交流協定の結び方　80
　　2　学生の交換　81
　　3　教員の受け入れと派遣　82
　　4　行政管理職員の受け入れと派遣　82
　　5　学部学生の交換留学の実際と問題　83
　　　　(1)中国から日本へ　(2)日本から中国へ
　　6　授業担当者の受け入れ、派遣の実際と問題　84

　　　　⑴中国から日本へ　⑵日本から中国へ
　　7　研究員の受け入れと派遣の実際と問題　86
　　8　行政管理職員の受け入れと派遣の実際と問題　87
　　9　図書、資料等の交換の実際と問題　88
　　10　「平等互利」の現実的意義　89

第4部　関係論文・資料編 …………………………………… 91
Ⅰ　関係論文 ………………………………………………… 91
中国の教育制度と大学行政組織……澤谷敏行（関西学院大学）　91
　　1　中国の教育制度概要　91
　　　⑴小学校　⑵中学校　⑶高等学校　⑷大学　⑸大学入試制度　⑹大学院
　　2　中国の大学組織　100
　　　⑴中国の大学行政組織　⑵中国の民営大学の行政組織　⑶日中の大学行政管理職員の決裁権　⑷中国の大学改革——大学コンソーシアム「大学城」　⑸上海市の教育行政組織

「日中留学交流の正常化」考……山本忠士（亜細亜大学）　106
　　はじめに　106
　　1　今西さんの問題提起と現状認識　107
　　2　需要側・日本の国内事情　113
　　3　供給側・中国の国内事情　117
　　4　相互不信招く「偽造書類」　122
　　5　入管行政——留学生担当者の役割変化　125
　　6　留学生の入国管理トラブルの実際——亜細亜大学のケース　128
　　7　入国管理トラブルをどう防止するか　129
　　おわりに　130

Ⅱ　資料 ……………………………………………………… 132
教育交流ならびに中国人留学生等に関する資料一覧
　　　　……吉川明美（広島修道大学）　132
　　偽造書類事例 ………………………………………………… 137
あとがき ………………………………………………………… 147
執筆者紹介 ……………………………………………………… 148

第1部　受け入れ編

第1章　中国人の大学受験から入学

　日本の大学では、留学生の70％以上を中国人で占める大学がほとんどとなっている。ではどのようにして中国人留学生を募集して、入学させているのであろうか。募集に関しては、国内の日本語学校等の教育機関等の在籍ないしは、既に日本に来日していて、入学試験を申し込むケース、直接中国から申し込むケースがある。前者が大半であると考えられる。ここでは、主として入学試験における提出書類、入学資格の判定、在留資格の取得について述べる。

1　入学試験の方法

　日本での留学生入試では、中国人留学生が大半を占めるが、ここに取り上げる問題は、中国人留学生のみの問題ではなく、留学生全体の問題として述べる。まず留学生の入学試験は、大きく二つのタイプに分かれる。一つは日本学生支援機構の実施する試験（日本留学試験、日本語能力試験）を利用するものと、もう一つは大学独自の入学試験を行うものである。また受験地によっても区別することができる。すなわち日本で受験するか現地（中国）で受験するかである。残念ながら2004年現在、

日本留学試験は中国ではまだ実施されていない。旧国立大学が実施する日本留学試験を活用するのに比べ、私立大学では大半は独自の入学試験を実施している。現状では私立大学の試験内容は、一般に文系では、日本語、小論文、面接が中心で、この他に英語などを加える場合もある。また理工系では日本語のほかに英語、数学、物理、化学、生物などの科目が加えられる。入学試験は、何を基準に合否判定されるかは大学独自の判断であるが、日本留学試験では、日本語以外にも数学、総合科目、理科も実施されるので、日本語以外の学力もこの試験で判定が可能である。私立大学では日本留学試験や日本語能力試験の成績により、独自の日本語試験の受験を免除することが行われている。日本語能力試験1級合格者に受験免除をする場合、同じ1級合格者でも成績によってその能力に大きな開きがあることに注意が必要であろう。小論文や面接は本人の実力が試されるものではあるが、事前に準備していることも配慮して、出題方法や面接の仕方に十分注意し、日本語偏重にならないことが必要である。また面接では、証明書の偽造に関わる書類の不備、学歴上の疑義を聞きただすことも必要となる。

2　入学試験による日本語能力の判定

　日本語能力の判定は、入学後に授業についてゆくことができるかという視点から行われるが、その日本語能力の判定は各大学でも難しい問題である。たとえば、日本語能力試験1級の合格者でも、280点でぎりぎり合格した者と350点以上で合格した者とでは、入学後の大学の日本語クラス編成に配慮が必要であろう。では280点では入学して授業についてゆけないのかというとそうも言い切れない。そこは個人の意欲や目に見えない隠れた才能があるからである。
　ではどのようにして留学生入試で日本語能力を判定すればよいのだろう。今のところ日本語能力試験、独自の日本語試験、そして小論文、面接といったものの総合判断によるしかない。したがって、すべての試験

は日本語能力の判定につながっており、現在の留学生の入学試験は日本語能力に偏重した試験といえよう。中国の大学入学試験は、外国語（英語）、国語、数学＋追加科目で、米国のSATでも国語、数学は含まれている。これを日本の留学生入学試験に当てはめると、日本語、中国語、数学となる。私立大学の文系においても、日本語偏重の是正策だろうか、日本語以外に英語もしくは中国語や数学などを加えることなどの工夫をしている事例もある。

3　中国中等職業学校と受験資格問題

　中国からの留学生の受験資格判定で難しいのは、中国の中等教育機関である。普通高校（中国では普通高中と呼ぶ）のほかに職業高校（同様、職業高中）、技工学校、中等専業学校（中等師範学校と中等技術学校）の3種類の中等職業教育機関がある。この3種類の学校は中国の大学への入学資格を持っているが、日本では、この3校の入学資格判定で困ることが多い。それは、このような職業学校を学校の名称から、判断するのは難しいこと。つまり日本のように○○工業高等学校、○○商業高等学校というように高等学校（中国では「高級中学」）が名称には現われてこないからである。したがって、学校の分類は、その学校の歴史をたどることによって明らかになる場合もあれば、カリキュラムから判断する場合も出てくる。中国の3つの中等職業学校の場合もカリキュラムにおいて、いずれも実習があることなどが特徴であるが、単なる職業専門学校かどうかは、学校の成績表から外国語（主として英語）、国語、数学の教養科目（中国では「文化科目」）が組み込まれているかどうかで判断できる。この教養科目の授業時間数は成績表からは確認できないが、「中国の中等教育機関のカリキュラムなどの調査・研究」（澤谷・春木　2000）によれば、中等職業学校でも3年間で100時間以上200時間程度は実施されている。留学生から提出された成績証明書からこれらの科目の成績があるか、また何単位分実施されているかということで中等

教育機関として受験資格を認めるための判断の一つとすることができるかと考える。

4 受験資格の判定

　学部の受験資格の判定では文部科学省の示す基準は、学校教育法施行細則第69条の通りである。しかし、学校教育における12年の課程をどのように計算するかについては、多様な視点がある。たとえば、ある私立大学では学部受験希望者が、いくつかの中等教育機関で学習している場合、それぞれを合計して12年以上となれば、書類審査で受験資格を認める。また既に中国の高等教育機関（高等専科学校、成人高等教育機関等）での学習歴がある場合は、中等教育までの期間が12年より少なくとも高等教育機関での学習期間を加えて12年以上となれば、同様に書類審査で受験資格を認定するなどの解釈ができる。

　また大学院受験の資格の判断では、高等教育機関の中で学士学位を取得できないが、大学を卒業した者、また「高等教育自学考試」で大学卒業と同等の資格を得たものについては、書類審査のほかに判定のための予備試験をすべきであるが、文部科学省の入学資格の緩和を受けて直接受験を認めることに問題はないと思われる。書類による学部、大学院の入学資格判定は共に時間がかかるケースもあり、判定がつかない場合もある。判定できない場合は予備試験を実施し判定することが一般的である。しかし、入学試験の中で入学資格を含めて合否判定をするという考え方も可能ではないだろうか。

1) 学部入学資格：（学校教育法施行規則第69条の規定）
①外国において、学校教育における十二年の課程を修了した者又はこれに準ずる者で文部科学大臣の指定したもの
②文部科学大臣が高等学校の課程と同等の課程を有するものとして認定した在外教育施設の当該課程を修了した者

③文部科学大臣の指定した者
④大学入学資格検定試験規程により文部科学大臣の行う大学入学資格検定に合格した者
⑤大学において、個別の入学審査により、高等学校を卒業した者と同等以上の学力があると認めた者で18歳に達する者
(2004年度から各大学の個別の審査によるものが追加された)。

①において「これに準ずる者で文部科学大臣の指定した者」については、一、外国において当該国の実施する検定に合格した者で18歳に達した者、二、外国において、学校教育が12年に満たない国の教育課程を受けた者で、文部科学大臣が指定した「大学入学のための準備教育課程」を受け18歳に達した者。後者の二のカテゴリーでは、2004年4月現在、日本では下記の19校がその指定校となっている。この他、中国国内では長春の東北師範大学内に設けられた中国赴日本国留学生予備学校がその指定校となっている。(『我が国の留学生制度の概要——受け入れ及び派遣』文部科学省高等教育局留学生課 http://www.mext.go.jp/a_menu/koutou/ryugaku/index.html 参照)。

2) 文部科学大臣が指定した「大学入学のための準備教育課程」
東京外国語大学留学生日本語教育センター、大阪外国語大学留学生日本語教育センター、京都コンピュータ学院鴨川校京都日本語研修センター、日本学生支援機構東京日本語教育センター、日本学生支援機構大阪日本語教育センター、(学)三井学園武蔵浦和日本語学院、(財)言語文化研究所附属東京日本語学校、淑徳日本語学校、新宿日本語学校、ジェット日本語学校、拓殖大学日本語学校、東京国際大学附属日本語学校、山野日本語学校、国際ことば学院、静岡日本語教育センター、英数学館岡山校日本語科、九州英数学舘国際言語学院、帝京マレイシア日本語学院、(財)アジア学生文化協会。

3) 大学院入学資格：(学校教育法施行規則第70条の規定)

①学校教育法第六十八条の二第三項の規定により学士の学位を授与された者
②外国において、学校教育における十六年の課程を修了した者
③外国の学校が行う通信教育における授業科目と我が国において履修することにより当該外国の学校教育における十六年の課程を修了した者
（中略）
⑦大学院において、個別の入学資格審査により、大学を卒業した者と同等以上の学力があると認めた者で、二十二歳に達したもの
（後略）

5　各種証明書の真偽と偽造対応チェックリスト

　証明書類の偽造問題が日本で大きく取り上げられたのは、2000年である。その後いろいろな問題が起こってきた。亜細亜大学ほかJAFSA中国SIG大学の事例では、留学生別科の出願書類の中に次のようなケースがあったという。①存在しない高校の偽造卒業・成績証明書、②その大学に存在しない学部の偽造卒業・成績証明書、③別人名義の二つの入学書類に「同一人物の写真」が貼付されたもの、④卒業証明書と成績証明書の名前が異なるもの、⑤在籍していない学校の卒業・成績証明書、⑥出身学校と異なった様式の偽造証明書、⑦学校印が偽造されていた証明書、⑧偽造された預金残高証明書・給与証明書・在職証明書、公証書などである。実は中国国内でもこの問題に頭を悩ましており、1998年6月に中国国家教育部と公安部は合同で、学歴・学位の偽造に関する通達（「関于加強学歴、学位証書管理和厳萬打撃偽造、売買学歴、学位証書的通知」）を出している。また米国NAFSA（全米留学生協議会）でも2001年総会のワークショップで「The Pinocchio Syndrome（ピノキオ症候群）」と題した「書類偽造関連」の報告がなされている。この背景には中国の進学熱、留学熱、学歴社会、そして最後には、良い企業に

就職するためには大学卒でない者に書類を偽造させてまでも学歴を作り出させる風土があるということであろうか。大学の入学には、卒業証明書と成績証明書がなくてはならないものである。この二つの書類が偽造でないことを確認するためには、以下のチェックが必要である。また卒業証書の原本を提出させた場合には、確認後コピーを取り原本は返却するようにすべきである。また提出書類の偽造が発見された場合には、入学後であっても遡って退学処分とする旨のことを入試要項に記載しておくべきである。このことは偽造書類を提出する者に対する抑制策となるであろう。なお、偽造書類の事例については、本書の「偽造書類事例」を参照のこと。

【偽造対応チェックリスト】
〈疑わしい書類の発見〉
①すべての出願者が偽造書類を提出してくると考えないこと。しかし偽造はあるという事実を知っておくこと。
②偽造は教育機関の内外の関係者によって行われることを知っておくこと。
③本人が持参する証明書類の場合、開封されて翻訳までついていることが多い。本物であることを証明する公証書も翻訳されている。その場合に公証書も含めて偽造である場合もあったことを知っておくこと。
④疑わしいと思われる書類の発見では、同じ機関または同様の学校からの提出書類を見比べて発見できることがある。
⑤疑わしいと思われる書類の発見は、実際の偽造書類の事例をファイルして持っておくことである。JAFSAのネットワークから事例のコピーを収集する。

〈疑わしい書類の問い合わせ等〉
①中等教育機関・高等教育機関に関する問い合わせは、まず在日中国公館の教育室に問い合わせる。その場合、書類の現物コピーを送る

ことが必要である。
② 中等教育機関、高等教育機関について、直接証明書のある教育機関に電話、FAX、手紙で問い合わせる。その場合、中国語のできる人材が必要である。また現物のコピーを送る必要がある。
③ 高等教育機関について、1998年以降については、中国教育部のインターネット（「中国高等教育学生信息網」http://www.chsi.cn/index.html）にて、個人調査が可能である。この場合学位番号等の入力が必要である。
④ 大学の担当者が調査できない場合、また教育機関が廃校、閉校、合併による学校名の変更などのため実在しない場合、本人の義務として所属していた教育機関、又は学歴を証明できる機関や個人の「档案」（人事ファイル）が所在する人材センター等に手紙を書き、学歴を確認できる証明書を大学の担当者宛てに送らせる。
⑤ また偽造を防ぐ対策として、大学の入試要項に提出書類の偽造が発見された場合、入学後であっても遡って退学処分とする旨を掲載しておく。

〈偽造に関する対策ネットワーク作り〉
① 学内関係者に出願者に疑わしい書類が出てきたことを公開し、情報を共有する。
② 中国に出張する教員等の協力を得て、情報入手、中国での人脈を増やす。
③ 学部執行部、入試関係者、担当職員で偽造問題と入試問題について対策を話し合う。
④ 各自が偽造ファイルを作成し、JAFSA等で公表する。

6　合格通知と在留資格の取得・変更

① 現地受験の合格者や書類審査による合格者で本人が中国にいる場合

大学からの合格通知をもとに必要な書類（経済支弁能力を証明する書類）を整えて、まず日本にいる代理人を通じて「在留資格認定証明書」を取得する。なお、代理人となるのは、教育を受けようとする教育機関の職員、奨学金等を支給する機関の職員、学費・滞在費を支弁する者、日本に居住する親族となっている。本人がその「在留資格認定証明書」にパスポートを添えて中国にある日本公館に留学ビザの申請を行う。ビザは10日間ほどで発給される。ただし、日本公館があるのは、北京、上海、瀋陽、広州、重慶、大連、香港などに限られている。そこで地方居住者は当地の業者を代理人として申請する場合もある。

②本人が日本にいる場合

一般には日本語学校や専修学校などの就学生である者である。この場合は、大学からの合格通知、入学許可書を持って本人が直接所管の入国管理局に在留資格の変更又は更新を行うことができる。その際、在留資格「就学」の者は、入学と同時に「留学」に変更される。所持する在留資格によっては、一度日本から離れ、第三国の日本公館で①の本国にいる場合と同様に留学ビザの申請をしなければならない場合もある。

③留学仲介業者（中国・日本）を通じて大学や日本語学校等への留学を申請する場合

このような専門の業者に入学申請から留学ビザ取得までを委任する場合でも費用や手続きなどでトラブルが起こるケースも見られる。大学、日本語学校等の受け入れ機関側でもこのような業者からの入学に関する証明書類等も一般入試同様に十分チェックする必要がある。

7　経費支弁能力の判定と保証人

1996年12月の出入国管理及び難民認定法の改正に伴う身元保証書の

廃止に続き、2001年1月の「留学」、「就学」の査証（在留資格認定証明書）申請に関する入国管理局の審査方針の簡素化に伴って、大学（日本語学校、専修学校も同様）の留学生に対する責任は大きくなった。つまり、これまで在留資格は、留学生・大学留学生担当者が入国管理局に申請する関係にあったものが、留学生が大学留学生担当者を経由して入国管理局に申請するものに変わったのである。これに伴い入国管理局は、原則として経費支弁能力を示す資料の提出を求めなくなったが、一方で受け入れる大学にその責任が求められることとなった。さらに2003年12月の査証審査の厳格化によって大学の責任は重くなった。

　このような結果、各大学では経費支弁能力の判定と在学中の保証人に代わる制度に苦慮している。大学はそれまで入国管理局が行ってきた経費支弁能力を判定する必要ができてきた訳である。しかし、どの大学も入学のための学力検査に厳密であるが、経済支弁能力の方は米国の大学が行っている本人名義の銀行の残高証明の提出を入学時に求める程度で、入学後の経費支弁能力を厳格に審査している大学は少ないと思われる。留学生もそこは入学後にアルバイトで賄うことを期待している者がほとんどだと思われる。中国人からすれば「勤工倹学」（かつて中国の青年であった周恩来や鄧小平が働きながらフランスで学んだ制度）である。現在、日本ではこのような形での留学が認められているのだから、入学後には経済的問題が少なからず起こってくるのは当然である。また問題が発生した際に、解決にあたって親族または保護者が国内にいないということも担当者が苦慮する点である。

　たとえば、留学生が入学後学費が納入できなくなった場合に誰と相談すればよいか。また学内外で事件に巻き込まれた場合は誰に連絡がいくのか。住居の賃貸契約の際に保証人を要求された場合は、留学生は誰に保証人を依頼すればいいのか。といった問題である。住居の保証問題では、日本学生支援機構が「留学生住宅総合補償」という制度が設け、留学生がこれに加入することで保証人の負担が軽減されるようになった。そのことで、大学の留学生担当部長等が保証人となるケースも増加した。また県や地方公共団体が留学生の住宅補償制度を設け、保証人をなくし

ているケースもある。しかしながら、民間の宿舎では、まだ一般に賃貸借契約書が交わされ、その連帯保証人は、「借主にトラブルがあった場合に債務の責任を負う」こととなっている。このような場合留学生は民間の宿舎に入居は難しいことになる。留学生の住居確保のためには、国、地方公共団体、各大学、民間住宅において、日本人も含めた学生に限って保証人のいらない住宅賃貸借システムの検討が求められる。

COLUMN1
友達づきあいにみる文化事情 —— 朋友と老朋友

　中国人が理想とする友人は、「自分と相手を分けない」親密な関係である。できる限りの力で相手を助けようとするのが「朋友」（pengyou）である。しかし、日中間の交流でよく交わされる言葉のひとつで、初めて会った同士でも、10数年来の知己のように「朋友、朋友」と呼び合ったりする。一度以上合った間柄では、「老朋友」と呼ばれ、さらに親密度を深める。朋友につけ加わった「老」は、時間的に長い、古いなどの意味を表わすが、仲間同士で親しい関係や年功の者のへ敬重の意で用いられる。「老朋友」になったら互いに遠慮なく忌憚のない意見を言い合おうというのが中国の友人関係である。中国では親しくなって初めて言いたいことが言える間柄になるのであるから、「老朋友」になるとまったく遠慮がない。日本では「親しき仲にも礼儀あり」という考えもあるので、日本の中にはそのような遠慮のない関係に腰が引ける人もいる。中国の場合には互いに出会ったその瞬間からぐっとお互いの距離が縮まる。目と目を合わせて、すっと伸ばされた腕で握手を求められる。親密度が増すと二の腕あたりをぐっと引き寄せられ、腕組み状態での会話や散歩が普通になる。寮の面会時間の許す限り毎日のように足繁く通ってくる友人、机上の「わたしの手帳」がいつの間にか二人の手

帳になっているなど、留学生として中国に滞在経験のある者には、「自分と相手を分けない」境目のない友人関係に時に心を熱くしながらもどぎまぎさせられる場面に幾多も遭遇する。一方で友人に迷惑をかけないことを信条とする日本人の友人関係は、中国人にとってみれば、あまりにも淡白なものと感じてしまうであろう。

現代の中国社会の急速な発展は、中国人の人間関係のあり方にも大きな変化をもたらしている。経済効率を追求する社会は、通信網を発達させ、時間を金に変えてしまった。人に会うためにはアポイントが必要となり、また場合によっては会わずに携帯電話で済ませてしまうことになり、これまでの「串面」（よそのうちにおしゃべりに行く）といった習慣の人間づきあいを徐々に遠ざけてしまってきている。人間関係が希薄化してきた現代、中国人にならって「老朋友」と互いに言い合える、懐の深い、息の長い友人関係が築かれることを期待したい。

COLUMN2
地場産業の発展と中等職業教育－3年＋αの誕生

中国の中等職業教育は、地場産業の発展とともに80年代、90年代と大きく変化し、現在も西地区などの発展にも貢献している。都心では、80年代は経済、法律などの分野の人材育成、最近ではIT関連の人材育成に変わってきているようである。中国では社会の変化、地域の要請に即座に対応して不要な学校は廃校になり、新しい名称の学校が現れたりしている。そのため大学受験に申し込む本人の学歴記載と学校の証明書とが一致せず、学歴にある学校の証明書も出ないため、新しい学校の証明書が偽造と区別できない場合がある。中等職業学校の最も学生の多い「中専」＝中等専業学校は、小学校の教員を養成する中等師範学校と各種専門的職業教育を行う中

等技術学校に分かれ、中等技術学校は、さらに工、農、医薬、財経、政法、体育、芸術、その他に分類されている。

　1999年頃から中国では、1997年以前にあった2年制の職業高中や技工学校がほぼなくなり、3年制に統一された。それと同時に大都市では、3年＋3年の高級技工学校、3年＋2年の中等専業学校が、「大専学歴自学考試強化班」をつくり、技工学校、あるいは中等専業学校であるが、卒業すれば「大専」（高等教育）の学歴を与え、さらに「自学考試」で学士学位を取得する手助けをするというものである。このクラスでは、プラス2年間やプラス3年間のうち1年間から2年間は、有名重点大学で授業を受けるシステムで、このようなクラスの学生の質はむしろ高いと思われる。これらの中等ないし高等職業学校は、地元の産業を支えるために生まれたものであり、非常に柔軟なカリキュラムで実際にすぐ役に立つ高度専門職業人の育成を目的としている。

第2章　中国人の大学入学から卒業

　中国人留学生の入学から卒業までの重要な点は、基本的には他の留学生と問題は変わらない。しかし、中国人の場合、鄧小平や周恩来の時代にフランスで働きながら学んだ「勤工倹学」という制度があり、そこで学んだ青年が近代中国を変革したといわれている。そういう伝統によって働きながら留学することをよしとする点である。そのため「不法就労」という危ういバランスが生じるのである。そこで、日本の大学で留学生を受け入れる部署では、中国人留学生が日本の大学でその教育課程に沿って順調に学習し、単位を取得し、卒業するために必要な支援を行い、本人の目的とする方向を間違えさせないようにすることが課題となる。ここでは、主として入学時、在学中、卒業前のオリエンテーション、奨学金の募集と通知、アルバイトと資格外活動の事例について述べる。

1　オリエンテーション

　オリエンテーションは入学時のみでなく、在学期間にも機会に応じて、また卒業前（帰国前）にもそれぞれ実施すべきである。

(1)入学時のオリエンテーション
　大学に入学してすぐに、入学式の翌日にでも留学生を集めて大学から直接彼らに話しかける形でオリエンテーションを行う必要がある。このオリエンテーションでは特に中国人学生だけ異なったものを行う必要はない。彼らが留学生活で最低必要な情報を分かりやすく解説することによって不安を和らげ、また過度の期待をもたせることもなく、安心して修学させることを目的とするものである。大学生活では日本語学校のように担任の教員が学習面だけでなく生活面でも懇切丁寧に説明してくれる者もいないので、自分から積極的に質問し、問題を解決してゆかなけ

ればならないことを周知させる必要がある。多くの大学では『留学生ハンドブック』を作成しているので、これを参考にして留学生活を送ることになるが、留学生を取り巻く環境は年々変化しているので、ハンドブックのみを手渡しておけばよいというものではない。留学生の中には、ハンドブックを読まない場合、読んでもよく理解できない事柄もあるので、オリエンテーションではゆっくり丁寧に説明をし、重要な事項は理解したかどうか確認することが必要である。入学時のオリエンテーションでは一般に次の内容が必要である。ただし、項目によっては学部事務室、学生課、国際交流課などそれぞれ分かれて実施され、履修指導などは日本人学生と一緒に行われる場合もある。このようなオリエンテーションでは、在学生の中にいる同国の先輩留学生を活用し、体験談などを含めるとより効果的である。このようなオリエンテーションの機会が大学生活をうまく送れるかどうかを左右するといっても過言ではない。日程の都合が付かない場合、当日の欠席者に対して別の日程をはじめから設けておくのも必要なことである。

　なお、オリエンテーションを担当する教員や職員の中に中国に対するイメージが悪く、「遅れた国」「不衛生な国」「不法入国してくる人々」という言動が中国人留学生を憤慨させるケースがあり、留学生も日本人との応接の態度に心の不満が表れると言う。教職員は、自分の心の中にそのようなステレオタイプや偏見が形作られやすいことを念頭に入れておくべきである。オリエンテーションには国際交流部、学生部、教務部のなどの関係部局から担当者を派遣すべきであろう。

　入学時のオリエンテーションの事例
　教務関係——大学の授業形態、履修の仕方、教科書の購入方法、試験方法など
　学生関係——諸施設の利用案内、奨学金制度、授業料減免の申請、課外活動、カウンセリングサービスなど
　生活関係——在留資格、資格外活動（アルバイト）、宿舎、国民健康保険、各種保険、医療費補助申請、自治体のサービス情報など
　その他——交通事故の対応、地域交流、異文化不適応問題など

(2)在学中のオリエンテーション

　在学中のオリエンテーションは、どのような機会に行うべきであろうか。留学生が集まる機会にやはり大学から直接話しかける形で実施するのがよい。たとえば、学内奨学金制度（各種奨学金の募集枠、選考方針など）の変更、SARS問題、資格外活動（アルバイト）許可申請の変更などの新しい情報などについて、分かりやすく注意すべきポイントを説明しておくことがよい。

(3)卒業前（帰国前）のオリエンテーション

　中国人留学生にとって、日本で就職するか、それとも中国に帰国して就職するかは大きな問題であり、悩むところであろう。一方それ以前の問題として卒業できるかどうかが問題となるであろう。就職問題は学内の就職課、キャリアセンターなどで、卒業問題は学部事務室や教務課で相談を受けられるであろうが、別途留学生が本音のところで話し合う機会がなければならない。そのような機会を卒業前（帰国前）に設け、大学が留学生から進路について、本大学で学んだ意義について直接聞くことは、有意義なことである。また卒業後に母校、同窓生としての繋がりを持つ上でも必要なことである。学長又は副学長のほか教務部、就職部、校友課などの担当者が出席すべきであろう。

2　奨学金の募集と応募結果の通知

　中国人留学生には私費留学生が多い。彼らはほとんど毎日アルバイトをしながら生活している。彼らが少しでも生活を改善し、学習時間を増やすためには奨学金を受給するのが最も望ましい。奨学金は、留学生にとっては切迫した切実な問題であり、受けるものと受けない者では雲泥の差があるといっても過言ではない。

　応募できる奨学金の種類は、主として日本学生支援機構の学習奨励金、各都道府県・市町村の奨学金、各種財団の奨学金、大学独自の奨学金な

どとなっている。

　奨学金制度と募集の時期は、入学時の「留学生オリエンテーション・ハンドブック」でどのような奨学金があるかを知ることができるが、実際に募集にあたっては掲示版等で改めて募集説明会の日時を知らせる必要がある。募集説明会では奨学金の出願書類の配布を行い、実際に出願書類の記入方法や必要な証明書などの提出書類の説明を行う。なお、説明会に出席できなかった者や定例の募集以外の募集に際しては窓口に来させて、その場で説明をする方法をとる。奨学金の応募要件は、一般に国籍、年齢、学業成績、仕送りなどの収入金額などとなっている。奨学金によってはこの要件が異なるので、要件を満たす学生を大学が抽出し、直接声をかける場合もある。

　選考の方法は、まず提出された書類の記入漏れや虚偽がないかを厳密にチェックする、そして面接によって書類の疑義のある点、また学習状況、学習意欲などをチェックする。その後に選考に入るが、一般的な選考基準は、留学生の学業成績、経済状況が中心となる。しかし、全学的なバランスから各学部間の採用率を平均化、留学生の国別採用数の平均化、大学事業への貢献度に対する評価など考慮される場合もある。また外部財団などへの奨学金の推薦では、将来性も勘案し、「大学として推薦するに値する者であるか」という点をよく吟味して推薦者を決定すべきであろう。

　応募結果の通知は、募集方法と同じ方法で通知するのが望ましい。特に不採用となった者への通知には、心遣いが必要である。相当な怒りを持って「食ってかかる」ケースもある。不平不満を十分聞き、その上で適切な指導する必要がある。場合によっては選考方法と経緯を説明することも必要である。

　採用者への説明会は、一般に日時・場所を通知し採用者を集め実施する。説明会では、奨学金が支給される意義を強調して、より一層勉学に励み、大学の行事にも積極的に参加するよう伝えるべきである。事務手続きとしては、給付時に領収書への押印（署名）、銀行口座振込みの場合の口座番号などの提出の他、今後しなければならない事項を説明する。

採用後のケアは、奨学金受給後、奨学金を受給できた安心感からか学業をおろそかにしてしまうケース、あるいは説明会での約束事が守られないケースがある。そのような場合も留学生担当者はその都度適切な指導をすべきである。その上であまりにもひどい不良行為が見受けられる場合は、奨学金支給を一時停止したり、文書による警告を出し反省を促すことも必要である。要は留学生が奨学金によって、充実した留学生活が送れているか、またきちんと約束事を守っているかという点の確認と把握が求められる。しかし、留学生担当者が日常業務の中でどこまでケアできるかは非常に難しい問題である。

3　アルバイトと資格外活動

　中国には鄧小平や周恩来の時代にフランスで働きながら学んだ「勤工倹学」の制度があり、そこで学んだ青年が近代中国を変革したといわれている。「勤工倹学」の現代版が日本にある。日本は留学生がアルバイトしながら大学で学位取得を目指すことのできる世界でもまれな国である。そしてそこに法務省の懸念する「不法就労」との危ういバランスがある。

(1)資格外活動の申請と申請取次者の業務
　「留学」の在留資格では、就労することは認められていない。しかし、資格外活動許可を取得することによって、1週間28時間以内（専ら聴講による研究生又は聴講生は、14時間以内。当該学校の長期休暇期間中は1日8時間以内）アルバイトをすることが可能である。資格外活動の申請は、原則として大学が行う。留学生が資格外活動許可申請書を記入し、パスポート及び外国人登録証明書の写しと共に大学に提出し、大学の申請取次者が副申書を記入し、これらを入国管理局に提出すれば、即日許可される。急ぐ場合には、留学生本人が申請取次者の作成した副申書等を持参して申請することも可能である。申請取次者には主に国際

交流部などの大学事務職員がなっている。その業務量は意外に多い。申請取次者になるためには、講習を受けなければならない。講習は各都道府県に設置された地域留学生交流推進協議会やJAFSAが入国管理局に講師を派遣依頼し開催している（年1回程度）ほか、財団法人入管協会でも講習を実施している。講習会は年間数回程度と少なく、大学の申請取次者は休暇、病気、人事異動等によって担当者不在となることが考えられるので、大学には常に複数の申請取次者が必要である。資格外活動の許可期限は、留学生の在留資格の期間となっているので、留学生は在留期間更新の度に改めて資格外活動許可の申請を行わなければならない。このようなことから申請は少なくとも月1回行う必要がある。資格外活動の申請には、申請取次者は副申書に資格外活動の概要について記入しなければならないが、留学生は申請時にはアルバイト先の目処がついていない場合が多く、希望業種を一応記入して提出し、アルバイト先が決定した段階で大学の申請取次者に報告することになっている。アルバイト先を変更した場合も同様の報告が必要となっている。これらを厳しく管理するのは大学の責任であり、確認と把握にはかなりの時間を要する仕事である。

(2) 資格外活動（アルバイト）の注意

　風俗営業または風俗関連営業が行われている場所(キャバレー、スナック、パチンコ店、性風俗店等）でのアルバイトは認められていない。そのようなアルバイトが発覚した場合は、在留資格の更新が認められない措置が下されるだけでなく、悪質な場合は、行政措置として強制退去処分となる。中国人の留学生には限らないが、経済的に困窮している留学生を高額なアルバイト料でこのようなアルバイトに引き込むケースは多く、担当者はオリエンテーション等で十分な注意と指導を行う必要がある。

4 入国管理、在留管理トラブルの実際と対策
　　　——資格外活動逮捕者の事例

　前述のように在留資格認定証明書や資格外活動の申請が大学を通して行われることから、大学の留学生担当者は留学生の入国管理、在留管理に責任を持つことになった。入国管理、在留管理に関するトラブルでは、在留資格の申請・更新、資格外活動許可の申請・更新、再入国査証の申請などがあるが、ここでの問題は成績が悪く単位取得が少なく更新不可、不法就労逮捕などのケースである。このような場合、大学の学生関係の責任者が入国管理局に出向き嘆願書を提出するなどの大学側からの要請によって、厳重注意で在留が許可される場合と、在留資格満了時に帰国する場合、即時強制送還となる場合などのケースがある。以下具体的な事例を紹介する。

不法労働内容・職種	性別	学年	学業	行政処分	大学での処理
風俗エステの店長	男性	学部3年生	成績普通	強制送還	帰国日を退学日として処分
スナックのバーテンダー	男性	学部2年生	成績普通	厳重注意	面接注意
クラブのホステス	女性	大学院生	成績良好	厳重注意	面接注意
エステ店員	男性	学部2年生	成績良好	厳重注意	面接注意

　このようなケースで大学の担当者が注意しなければならないのは、逮捕などは突然に起こってくることであるということである。それゆえに普段から留学生に対するオリエンテーションをどのように徹底するかということが問題となる。在留資格更新、資格外活動許可の更新などの機会や毎年学期のはじめに留学生を集め、在留資格と資格外活動についての注意を促す必要がある。なお、注意すべきことは以下の通りである。

　①授業態度、成績、年間修得単位数などが在留資格の更新に影響があること。

②在留資格の更新が認められない場合は、退学しなければならないこと。
③資格外活動許可申請と具体的なアルバイトが一致すること。変更になった場合には変更届を出すこと。申請に虚偽があった場合には資格外活動許可の更新は認められない。疑わしい場合には、大学はアルバイト先の収入証明書の提出を求めることがあること。
④不法就労で逮捕された場合は、即刻強制送還になり退学処分となること。また大学の名誉を傷つけることになるので、絶対にしないこと。

5　日本での就職できる業種

　留学生が就職、進学、帰国のどれを選択するかは、修学期間が終了すれば必ず直面する問題である。留学生が来日した時からそのことは周知されているはずである。在学中は留学生自身が進みたい方向や適性など普段から分析し、情報収集するよう指導することも必要である。就労できる在留資格とその業務については次の通りである。
　日本で留学生が就職するためには、在留資格の変更が必要となる。これまでの「留学」という在留資格から就労可能なものに変更しなければならない。就労できる在留資格は、「人文知識・国際業務」「技術」「教授」「教育」などがあり、それぞれに指定された範囲内の業務に限られる。業務選択を誤ると就職探しの努力も水泡に帰すことになる。法務省入国管理局の平成14年中（データ少し古いが）に留学生等から就職を目的に在留資格変更の申請数は3,600人で、このうち許可数は3,209人であった。ちなみに平成14年の「留学」の外国人登録者数は110,410人であった。4年制大学のみでも2万人以上が卒業対象者となると考えられる。したがって留学生の一部はさらに進学し、多くは帰国していると思われる。また、在留資格の許可者では、「人文知識・国際業務」が1,949人で60.7％、「技術」が727人22.7％で、この2つの資格が主となっており、

職種では、技術開発、翻訳・通訳、情報処理、教育の順となっている。企業の規模では50人未満の企業が全体の45％を占めており、留学生は中小企業に集中している。このような情報を留学生に提供して自覚を促すことが大切である。

COLUMN3
一人っ子にみる文化事情

　1970年代末に中国の爆発的な人口増加を抑制するため、少数民族や一部の例外を除き「一人っ子政策」が取られるようになった。しかし、年々、高齢化、「黒孩子」(戸籍を持たない子供)等の問題も深刻化しており、緩和の動きが出てきている。今後の「一人っ子政策」の行く末はさておき、現在、日本に留学してきている多くの中国人学生は一人っ子である。「小皇帝」と言われるように、祖父母四人、父母二人に過保護に育てられ、以前の中国からの学生と比べ、総じてハングリー精神が乏しくなり、自立心に欠ける学生が増えている。中国でも成績不良で学業を成就しない学生が増えているといわれている。それで日本での留学生活を全うすることによって精神的に成長するのではないか。両親が一人っ子を留学させる目的の一つにそれがある。一方子供の方も小さい時から音楽、芸術、語学等の英才教育を受け、両親の期待通り秀でた才能を発揮する学生も少なくない。過保護と英才教育とどちらが子供の教育に優先されるのか、結論の出ないところである。しかし、今後も社会全体が一人っ子であることは、中国の伝統的な文化に大きな影響を与えてゆくにちがいない。

COLUMN4
外来語にみる文化事情

　中国語にも日本語にも外来語はある。面白いのはその導入方法である。中国語は漢字を使い、日本語はカタカナを使ってあらわす。日本語は外来語の音声をカタカナで表し、新鮮味とインパクトを生かす。テレビ、ラジオ、コンピュータなどである。一方中国語は外来語の意味を漢字に表し、わかりやすさを生かす。そのほか、音のみを漢字の音で表したものもあり、意味と音でうまく表したものもある。意味を訳したものとしては、電視（テレビ）、電脳（コンピュータ）、方便麺（インスタントラーメン）、微波炉（電子レンジ）、音を訳したものとしては、卡片（カード）啤酒（ビール）、意味と音で訳したものとしては、可口可楽（コカコーラ）、黒客（ハッカー）などがある。最近では、コンピュータ用語は、ほとんど音で導入されている。中国人からすると漢字から意味を連想できなくて不便とこぼす人もいる。また近年日本留学者が持ち帰った日本語がそのまま中国語として定着しているケースも見られる。料理（料理）卡拉OK（カラオケ）、追星族（追っかけ）や工薪族（サラリーマン）の「〜族」は、日本語の語彙をそのまま中国語の外来語として同じ意味で使う新しいタイプの導入方法となっている。外来語の取り入れ方は、日本は新鮮味とインパクトを生かし、中国はわかりやすさを生かすという点が特徴である。

【参考文献】

山本忠士「日中留学交流の正常化」考（本書第4部関係論文・資料編参照）
澤谷敏行・春木紳輔「中国の中等教育の現状」関西学院『研修紀要』第21号（2000）
王立達著／于康・澤谷敏行訳「現代中国語における日本語からの借用語」『エクス言語文化論集』第2号　関西学院大学経済学部（2002）

第2部　派遣編

第1章　日本人の中国留学

　日本人の中国への留学は、近年急速に増加している。この留学志向は、その国のことが知りたい、見聞を広めたいといった英国等におけるジュニア・イヤー・アブロードのようなものから、将来の就職との関係までを考えたものまで幅広いものである。現状では、主に短期の語学研修が大半を占め、いわゆる学位取得を目的とした長期のものは、そう多くはない。いずれにせよ中国に留学することはどのような意義があるのだろうか。

　留学することのメリットとしては、異文化体験による人間成長が大きな価値としてあげることができる。さらに欧米への留学に比べて中国留学のメリットは、初歩レベルの中国語能力でも留学が可能であり、留学費用が安価であり、さらに日本と似通った価値観もあり、とけ込みやすいといった点があげられる。ただし、見かけとは異なり、本来本質的に異なる点を見過ごした結果、大きなカルチャーショックを受けることもある。

　目的が短期留学、長期留学でそれぞれ異なっていても、少なくとも現地においては言語、文化、歴史、思想等に直に触れることが大切である。個人の留学目的を満たすための目標がチャレンジングなものであればあるほど、目標を達成した場合の付加価値も大きい。留学の価値を高める

には積極的に中国人に接触し、いくつもの人的交流を通じて、また現地での文化活動にも参加し、豊かな体験を積み重ねることである。ここでは、日本人の中国留学の手続き、要求される留学資格、現地の授業内容等を中心に述べる。

1 中国留学の方法

(1)留学目的

　留学の目的により、中国での学習内容、留学期間、入学方法、大学の選別などが異なってくる。学位取得を目的とした留学と学位取得を目的としない留学の二つに大別され、前者は、大学の学部（「本科」・「専科」）、大学院（「研究生院」）修士（碩士）課程・博士課程などに正規に入学し3年間～6年間にわたり学ぶものである。留学生の中には中医学、武術や京劇などの中国の伝統的な学問分野を専攻し、学位を取得する者もいる。後者は、同様の学部や課程に籍を置くが、比較的短期間のものも含め2週間から2年間で研修生（「進修生」）として受け入れられるものである。2週間から1カ月程度の夏期集中の中国語研修、異文化体験を目的としたものから、3カ月から6カ月、1・2年間の比較的長期に渡って、中国語学習をはじめそれぞれの専門の授業を受けることを目的とするものである。これらの研修では、帰国後日本の所属する大学で単位認定を受ける場合もある。いずれにせよ何を留学の目的とするかは本人の留学動機によるところである。留学動機は留学の準備を始める上での大前提となる。

(2)公費留学生と自費留学生

　中国の大学では「中国政府奨学金」により受入れた留学生を公費留学生と称し、その他のルートで受入れた留学生をすべて自費留学生と称している。

　　a. 公費留学生

「中国政府奨学金」による派遣留学生である。これは日本政府による選考試験を経て、文部科学省から駐日本中国大使館を通じて中国政府に候補者として推薦され、中国政府によって受入が決定される。中国の大学の様々な分野で学習しようとする者を対象としている。現在、中国語を専攻とする学部留学生（「漢語本科生」）だけでなく、6カ月から2年間という長期間であっても中国語学習のみを目的とする（「漢語進修生」）もこの対象となっている。「中国政府奨学金」については独立行政法人日本学生支援機構の「海外への留学」を参照のこと。なお、Web上からも申請書などを入手することが可能である。

b. 自費留学生

中国政府奨学金による留学生以外の留学生である。この中には、大学間交流による交換学生、日本政府の奨学金、民間団体の奨学金や自治体の交流による派遣留学生などが含まれる。もちろん大半は個人の私費留学生が占めている。私費留学生は、現在中国の受入れ留学生の93％を占めている。

(3)留学の資料請求先と申請時期

中国の大学では、9月が新学期（秋学期）で3月からが第二学期（春学期）である。入学試験は、学部生が6月下旬実施の外国人入学試験、大学院生は2月の一次試験と4月に二次試験が実施される。中国語学習を目的とする「漢語進修生」の入学時期は、秋学期と春学期のどちらも可能である場合が多い。申請時期は、一般的に秋学期が2月15日～6月15日の間、春学期が9月15日～12月15日の間に設けられているが各大学の募集要項で確認の必要がある。中国への渡航までには、まず大学概要や奨学金などの情報収集から始まり、各大学への資料請求、大学の選定と決定、留学申請書の出願、入学許可の取得、査証の取得といった諸手続きを経なければならない。少なくとも半年前からの準備が必要である。資料申請や留学申請書の送付先など、留学生の入学手続きなどを担当する部門は、一般的に「国際交流中心」、「来華留学生事務室」や「外

事処」といった事務室名であったり、「漢語学院」、「国際文化学院」といった留学生対象の「漢語」（中国語）教育を専門に受入れる機関の名称であったりとさまざまである。担当部署に書簡やFAXを通じて資料請求ができるが、中国全国の大学はホームページを公開しているところがあるので、中国語ができればWeb上で留学申請の登録をすることもできる。またe-mailによる資料請求や入学願書のフォームをダウンロードすることもできる場合もある。

(4)留学先大学の選び方

　ここでは、中国語学習を目的とした場合の大学選定について述べる。まず大学選定をマクロに捉える場合、それは広大な中国における地域の選定であり、中国語の言語環境の選定にある。地理的利便性で選ぶならば、日本各地から直行便で移動できる大都市圏となり、沿海地区の北京、上海、広州や内陸部の成都、西安などが挙げられる。

　大都市での留学生活は、物質面やサービス面においてほぼ日本での学生生活とあまり変らない環境が整備されてきている。沿海地区の都市圏には、地方都市も含めて日本企業などが多く進出しており、日本からの情報、日本人との交流の機会、外国人向けの各種サービスの提供などが数多くあり、不便を感じさせない。一方、内陸部の地方都市では、交通の面で日本から直行便がなく、途中で乗り換えなければならない場合が多い。

　また日本との距離が遠い分さまざまな場面において「外国人のための」と便宜の図られたサービスの提供は必然的に少なくなる。しかし、逆に言えば中国の本来の姿もそこには残されている場合が多い。比較すると病院などの設備にも都市と地方の差がみられる。また、大学選定にあたっては地域性に見られる気候の特徴も考慮すべきである。大陸性気候の乾燥した気候帯にあるが、長江（揚子江）を挟んだ南と北では冷暖房設備にも違いがある。長春、ハルビンといった東北地方は、冬零下30度以下という厳しい寒さとなるが、暖房設備により寮内では半袖で過ごせる程の温度になる。一方、南の南京、重慶や亜熱帯気候地域の深圳などの

夏は非常に暑く、8月の最高気温が40度近くまで上がり、陽炎が立つほどである。当然寮は冷房設備が整っている。南に行くほど逆に冬への備えがない分、寒流などが降りてきたときには冬の寒さは厳しいものがある。留学生活においては気候に対する本人の適応性も考慮に入れる必要がある。中国語学習を目的とする場合、標準語を習得したい、習得した中国語を直ぐに使ってみたいというのは皆が抱く共通の思いである。しかし、標準語を話す北京や東北地方の長春やハルビンなどに比べ広州、上海などまったく異なった言語体系をもつ都市でも可能なのかという疑問も湧く。しかし、将来の中国語運用の方向性や就職地を考慮し、逆に地方特有の言語体系の環境を長所と捉え敢えて選ぶのも悪い選択ではない。

次に大学選定をミクロに捉える場合、大学のカリキュラムに目を向けることになる。まず中国語のクラスは留学生専用であるため、クラスメートはすべて世界各国からの留学生である。キャンパスでの中国人との交流を考えた場合、自分と同じ専攻の中国人学生がそのキャンパスにいるのかなども大学選定の要素となり得る。また総合大学なのか、文科系、理工系、芸術系、師範系、外国語系、経済系等の単科大学なのかにより、そこで出会う中国人学生にも特色があるし、それが交流の色彩にも現れる。大学の規模に着眼すると、マンモス大学は受入留学生も多く、それに比例して日本人留学生数も多数となる。メリットとしては、生活情報などが多く入手できる、孤独感が薄らぐなどがあるが、デメリットとしては中国語だけの言語環境を作りにくいという点があげられる。この他カリキュラムや教学設備などの面からは、都市圏の大学ではかなり整備され、新しい教材や実験的な教授法を取入れた授業が行われているところもある。しかし、中国語学習は学習時間と本人の努力によるところが大きい。設備やカリキュラムが良くても学習意欲が湧かなければ習得は難しく、設備やカリキュラムが一般的であっても教授陣の指導がよければ学習意欲が上がるといった面もある。大学の選定という過程を留学する本人が一つ一つ検討を重ねてゆくことで中国留学の動機付け、目的の明確化などを確立させることが大切である。

(5)入学資格と学歴レベル

　中国の大学では、受入れる外国人留学生を「専科生」（学部レベル）、「本科生」（学部レベル）、「碩士研究生」（大学院修士課程）、「博士研究生」（大学院博士後期課程）、「普通進修生」（学部レベル）、「高級進修生」（大学院レベル）、「研究学者」、「漢語進修生」、「短期生」という9つに区分して、それぞれ入学資格、留学期間、教学方法、修了時の学位取得の別などを定めている。（表1および表2を参照）。中国政府の大学課程への留学生受入れ年齢については、18歳以上で健康な者とあるが、各大学、各専門分野、各留学生区分により年齢の制限が異なる。

表1　留学生区分と入学資格一覧

	留学生区分	入学資格	期　間
1	専科生	・中国の高校卒業以上に相当する学歴を有する者 ・中国の大学の入学試験または資格審査に基づく ・文科系：HSK中等Cの中国語レベル ・理学、工学、農学、医学専攻：HSK初等Cの中国語レベル	2～3年
2	本科生		4～5年
3	碩士研究生	・4年制大学を卒業し、学士学位を有する者 ・助教授以上の職にある者2名の推薦書に基づき、入学試験または資格審査を経て選考される ・中国の大学の本科新卒生で成績優秀者については、試験免除の推薦入学が可能	2.5～3年
4	博士研究生	・修士学位を有する者 ・助教授以上の職にある者2名の推薦書に基づき、入学試験または資格審査を経て選考される	3～4年
5	漢語進修生	・中国の高校卒業以上に相当する学歴を有する者	半年～1年
6	普通進修生	・大学2年次以上の学歴を有する者	1～2年
7	高級進修生	・修士学位を有する者、もしくは博士課程に在籍する者	1～2年
8	研究学者	・助教授以上の職位にある者	1年以内
9	短期生	・中国の高等学校卒業に相当の学歴を有する者	7日～8週間

※中国高等学校外国留学生教育管理学会編「留学中国」（1999年、今日中国出版社）を参照し編集作成。

表2　留学生区分ごとの教学方法と学位一覧

留学生区分	教学方法と取得可能な学位・修了証明書
1　専科生	・中国の専科課程の学制とカリキュラムに基づく授業 ・中国人の専科生と同じクラスで受講 ・試験に及第すれば専科卒業の卒業証書が授与される
2　本科生	・中国の大学学部課程の学制とカリキュラムに基づく授業 ・専門により中国人学部学生と同じクラスで受講あるいは単独でクラスを編成し受講する形式もある ・試験に及第し、卒業論文を提出すれば学士学位が授与される
3　碩士研究生	・中国の修士課程の学制とカリキュラムに基づく授業 ・指導教授の指導のもと、所定のカリキュラムを修了し、試験に及第し、修士論文の審査および口頭試問に合格すれば修士（碩士）学位が授与される
4　博士研究生	・中国の博士課程の学制とカリキュラムに基づく授業 ・指導教授の指導のもと、所定のカリキュラムを修了し、試験に及第し、博士論文の審査および口頭試問に合格すれば博士学位が授与される
5　漢語進修生	・留学生で構成される中国語クラスを受講する ・学習終了後に進修証明書が発行される
6　普通進修生	・専門によって中国人学生と同じクラスで受講するかあるいは単独でクラスを設ける ・試験に及第すれば進修証明書が発行される
7　高級進修生	・研究課題に基づき、1名の指導教授が研究指導を行う ・進修計画を修了したら進修証明書が発行される
8　研究学者	・研究課題に基づき1名の指導教授がつき、学者本人の自主研究を主体とし、研究時間についても研究課題の必要性に応じて決定する
9　短期生	・中国語の習得を目的とした語学講座の受講。クラスは個々人の語学レベル毎に一般的に初級、中級、高級などが開講される ・中国文化の理解を深めるための文化講座などの講義受講などもあり、短期クラスの構成や開講期間などは、各大学さまざまである ・学習終了後に受講証明書などが発行される
「学歴教育」と「非学歴教育」の区分	・1～4までの学生区分は、所定の課程修了後に学位等を授与する「学歴教育」 ・5～9までの学生区分は、所定の課程修了後に修了証明書などを授与し、学位などは認定しない「非学歴教育」

※中国高等学校外国留学生教育管理学会編「留学中国」（1999年、今日中国出版社）を参照し編集作成。

(6) HSK と留学に求められる中国語レベル

　留学の条件にある中国語レベルの要求については、「漢語水平考試」（HSK）により認定されたもので判断される。「漢語水平考試」いわゆる「HSK」とは、Hanyu Shuiping Kaoshi の名称のピンイン頭文字をとった略称であり、1988年中国教育部が設けた中国語を母語としない（外国人、華僑と少数民族を含む）中国語学習者のための中国語能力検定試験である。国家漢語水平考試委員会が全権を担い、出題から試験、採点、判定を行い、「漢語水平証書」授与までを一括運営する。中国の大学への入学出願書類としての証書の有効期限は、受験日から起算して2年間とされる。試験は、日本国内では、毎年5月と10月の年2回、中国国内では年3回（5月、7月、12月）海外では33カ国92都市で実施されている。HSKの等級は、現在、基礎、初等・中等、高等の4レベルがあり、それぞれのレベルをさらにA、B、Cの3レベルに細分評価している。中国の等級は、級の多い方が上級である。基礎レベル、初等・中等レベルは、日本での受験が可能である。高等レベルの試験は、中国国内で毎年5月の第2日曜日に年1回実施されている。日本での実施場所、日程についての問い合わせは、HSK日本事務局へ。

HSK日本事務局
〒560-0021 大阪府豊中市本町 5-1-1　教育センタービル
電話：06-6857-3397
URL：http://www.jyda-ie.or.jp/hsk/top.htm
E-mail：hsk@iyda-ie.or.jp
FAX：06-6843-1119

表3 HSK等級別一覧

HSK認定証等級 認定級	等級	得点	総得点	等級評価など
基 礎	C	1級	100～154	
	B	2級	155～209	
	A	3級	210～300	初等Cレベルに同等のレベル。中国の大学理工系学部の入学に必要な中国語レベルの最低基準
初 等	なし	1級	78～114	HSK証書は授与されないが、中国の大学の漢語コースの基礎、初級での学習が可能なレベル
		2級	115～151	
	C	3級	152～188	中国の大学理工系（理学、工学、農学、医学）大学学部の入学に必要な中国語レベルの最低基準
	B	4級	189～225	
	A	5級	226～262	
中 等	C	6級	263～299	中国の大学文科系大学学部の入学に必要な中国語レベルの最低基準
	B	7級	300～336	
	A	8級	337～400	高得点者には「HSK優勝者奨学金」、「漢語橋奨学金」（2003年新設）制度による留学機会が授与される。その選考・決定は中国国家留学基金委員会による。
高 等	C	9級	280～339	中国の大学院で研究ができる中国語レベルの最低基準
	B	10級	340～299	
	A	11級	400～500	

※国家対外漢語教学領導小組辦公室（略称：国家漢辦）「漢語水平考試（HSK）簡介」および「HSK考試生手冊」を参照し編集作成。

(7)学費と生活費

　中国の各大学では私費留学生への学費等徴収の際、米ドルでの徴収を行ってきた。これを中国政府は「中華人民共和国外貨管理条例」により1998年1月1日付で「私費留学における学費等基準額」（1997年改定）を中国人民元で徴収することに改訂した。そのことにより、留学生は一

律に自国通貨を中国で中国元に両替し学費を支払うようになり、これまで各大学が直接ドル建で徴収していた外貨は、中国政府に外貨として蓄積されることになった。各大学のドル建による学費等の徴収不揃い是正策として政府が打ち出したものである。しかし、現在、学費等の徴収については基準額が遵守されているが、現実には中国元建での徴収の実施にはいまだばらつきがあるようである。

さて、漢語進修生として1年間の私費留学をした場合、どのくらいの留学費用が必要となるであろうか。現在の概算では学費約39万円、宿舎費約26万円、食費約30万円、生活費等雑費約20万円となり、合計約115万円程度となる。食費や雑費の部分で上下限に個人差が出るであろう。また、留学総費用となるとさらに国際間の航空運賃、海外旅行傷害保険料などが加わる。(2003年10月現在:1人民元≒15円として換算)。学費や寮費など各大学において基準額の枠内で設定しているため、詳細については、各大学の募集要項等で確認する必要がある。

(8)私費留学の出願手続き

現在中国の400余校の大学が外国人留学生受入れの資格を有している。私費留学のルートとして、①学校間の協定に基づく学校間交流、②教育機関、自治体、友好団体など中国側の関連機関を通じて、もしくは直接中国の大学に推薦する団体推薦、③留学希望者本人が中国の関連機関を通じてあるいは日本の斡旋機関を通じて、もしくは直接中国の大学に申請する個人申請の3種がある。ここでは私費留学生として個人申請する場合の諸手続きについて述べる。

　a. 6カ月以上の中国語学習を目的とした私費留学出願の手続き
　　申請の必要書類は、①「自費来華学習申請表」(中国政府所定、もしくは各大学所定の申請書)、②「外国人体格検査記録」の写し(中国衛生検疫部門作成の統一所定用紙)、③「在華事務委託人」および「経済負担証明」(各大学所定)であり、この他に出願時に「報名費」(登録料)を郵便為替などで同封しなくてはならない。

表4　私費留学における学費等基準額一覧

費用項目	留学生区分	年間一人あたりの徴収額
文科系専攻学費	本科生、専科生、漢語生、普通進修生	14000-26000人民元（約1700-3200ドル）
	碩士研究生、高級進修生	18000-30000人民元（約2200-3700ドル）
	博士研究生	22000-34000人民元（約2700-4200ドル）
	短期生（1カ月）	3000 - 4800人民元（約360 - 580ドル）
理、工農学系専攻学費	本科生、専科生、漢語生、普通進修生	15400-33800人民元（約1800-4100ドル）
	碩士研究生、高級進修生	19800-39000人民元（約2400-4700ドル）
	博士研究生	24200-44200人民元（約2900-5300ドル）
	短期生（1カ月）	3300-6240人民元（約400-750ドル）
医学、体育、芸術系学費	本科生、専科生、漢語生、普通進修生	21000-52000人民元（約2550-6300ドル）
	碩士研究生、高級進修生	27000-60000人民元（約3250-7250ドル）
	博士研究生	33000-68000人民元（約4000-8200ドル）
	短期生（1カ月）	4500-9600人民元（約550-1150ドル）
登録料	400-800人民元（約50-100ドル）	
宿舎費	1ベッド当り／1日　12-32人民元（二人部屋、トイレ・シャワー共有）。スタンダードツインの場合：1ベッド当り／1日　最高額でも80人民元を超えないこと	
教材費	文科系大学240-400人民元。理工農医体育芸術系は文科系よりやや高めとなる	
食費	留学生食堂において毎月一人当り約350-500人民元 中国人学生食堂において毎月一人当り約300人民元	
その他	校内医療費、カリキュラム以外の実験、実習、参観費用などは各大学の基準において定める	

※中国高等学校外国留学生教育管理学会編「留学中国」（1999年、今日中国出版社）および中華人民共和国教育部国際司「自費留学生学費徴収基準一覧」電子版を参照し編集作成。

　「外国人体格検査記録」は、中国政府の規定により国立の医療機関により発行されたもので、すべての検査項目を受診し、写真添付欄に検査機関の割印が必要で6カ月間以内に作成されたものでなければならない。①〜③と登録料の郵便為替を申請大学へ郵送し、入学許可の通知を待つことになる。なお、①「自費来華学習申請表」

は中国の大学への資料請求時にも入手できるし、Web上からのダウンロードも可能である。②「外国人体格検査記録」の送付がなかった場合、最寄りの駐日中国大使館・領事館から郵送による取寄せができる。

b. 6カ月未満の中国語学習を目的とした私費留学出願手続き
　申請の必要書類は、①「自費来華学習申請表」②「在華事務委託人」および「経済負担証明」である。6カ月以下の留学の場合には「外国人体格検査記録」は必要としない。①と②と登録料の郵便為替を申請大学へ送付し、入学許可の通知を待つことになる。

c. 学部、大学院等への私費留学出願手続き
　申請の必要書類は、①「自費来華学習申請表」②「外国人体格検査記録」の写し、③「在華事務委託人」および「経済負担証明」、④最終学歴を証明するもの、⑤その成績証明書、⑥HSK証書、⑦研究生の場合にはさらに助教授以上の職位者2名の推薦書が必要である。なお、申請書は中国語による記入を原則とし英語でも可能である。添付する書類には中国語の翻訳文が必要である。①～⑦と登録料の郵便為替を申請大学へ送付し、入学許可の通知を待つことになる。
　9月秋学期と3月春学期の入学者の募集締め切り時期は、一般的に入学時期の3カ月前を目安とできるが、留学希望者の多い人気大学では応募締切り前に募集定員に達し、期限を待たずに募集を終了する場合もある。

(9) 査証申請と「外国人居留」の届出義務
　留学が許可され中国から郵送されてくるのが、①中国の大学発行の入学許可書「録取通知書」と②中国政府発行の「外国留学人員来華簽証申請表」（JW202表）である。
　①と②に「外国人体格検査表」と合わせて、在日本中国大使館や領事

館において査証を申請する。日本で査証を取得した後に中国に渡航することになる。入国後、留学先大学で入学手続きや諸手続きを行う際にも、「録取通知書」「外国人体検査表」が再度必要となるので、保持しておく必要がある。必要書類などは種別毎に下記の通りである。

なお、日本人が15日以内の滞在で旅行などを目的とした入国については、2003年10月1日から、査証不要となっている。

a. 6カ月以上の中国語を学習とした私費留学査証申請手続き
取得する査証は「X」査証（中国語の「学習」（Xuexi）のピンイン頭文字）。有効期間が10カ月以上ある旅券と①「録取通知書」、②「外国留学人員来華簽証申請表」（JW202表）、③「外国人体格検査記録」の原本、④査証申請書（所定用紙）、⑤写真1葉。

b. 6カ月未満の中国語学習を目的とした私費留学査証申請手続き
取得する査証は「F」査証（中国語の「訪問」（Fangwen）のピンイン頭文字）。有効期間が10カ月以上ある旅券と①「録取通知書」、②「外国留学人員来華簽証申請表」（JW202表）の原本、③査証申請書（所定用紙）、④写真1葉。

c. 学部、大学院等への私費留学査証申請手続き
a. に同じ。査証の申請には、本人が「直接申請」するほか、旅行社に委託し「代理申請」する方法がある。査証取得には少なくとも8日間程度が必要であり、査証の料金は、「X」、「F」一次査証はともに3,000円である。「X」、「F」一次査証は、発給日から3カ月間有効である。

d. 「外国人居留」の届出
「X」査証には、中国での滞在期間の欄には「×××」の記載があるのみで、滞在許可日数が示されていない。この査証の場合、中国入国時に上陸許可される際、30日以内に中国国内の公安局に届け出て「外国人居留許可」（日本の外国人登録証に相当）の発給を受けることを義務づけられる。入学許可書に基づく滞在期間によって、「外国人居留許可」が発給されるが、学習期間が半年以上から1年

第2部 派遣編　45

未満の者には、「外国人臨時居留許可」が発給される。

なお、2000年1月に教育部、外交部、公安部令第9号「高等学校接受外国留学生管理規定」が発布されて以来、留学生の査証制度がいくらか緩和され、それまで一切許可されていなかった中国国内における査証の資格変更が可能となっている。6カ月以上の留学の場合には、日本における「X」査証の事前取得が必須であるが、近年中国の大学によっては、まず「F」査証あるいは「L」査証(「旅行」(Luyou)のピンイン頭文字)で入国をすすめ、その後国内の公安局において「X」査証への変更申請する場合もある。

(10) 「外国人体格検査表」と健康診断

「外国人体格検査表」は、中国の大学への留学申請時、駐日本中国大使館への査証申請の際、また中国入国後の外国人居留許可手続きの際など数回にわたり提出を求められる。大学によっては、留学生の健康診断の取扱いにばらつきがみられるが、「X」査証を既に取得し「外国人体格検査表」を持参した者に対して、更に中国で大学が指定する医療機関で血液検査を受けさせる場合もでている。留学生にとっては、入学後の諸手続きの一つとして受入れるしかないものであるとしながらも、エイズ等の検査項目や中国の医療機関や検査そのものへの不安、日本と中国での重複した検査の受診また再検査料支払いの発生に対し不満を持つ者もいる。

2 漢語進修生とはどんな学生

中国への留学といえば「漢語進修生」を指すといっても過言ではない。留学のほとんどが6カ月以上2年間の中国語学習コースに在籍するからである。「漢語進修生」の身分で在籍する中国語学習コースとはどのようなところであろうか。漢語進修生の中国語学習コースは、大学「学院」(学部)や「中心」(センター)などの名称で独立して設置されている。

○○大学「対外漢語学院」、「国際文化学院」、「国際交流中心」などの名称である。これらの「学院」「中心」においては、中国語の授業のみを担当し、入学等の事務手続きは、大学の「留学生弁公室」、「来華留学生招生処」、「外事処」などの外国人専門の窓口が執り行う場合と留学生の募集から入学、帰国までの事務手続きと教育を担当する場合がある。つまり教育部門と事務手続き部門が分離している場合と一緒の場合とがある。前者の場合、例えば、授業に関しては、「対外漢語学院」の教員に相談し、在留などを含めた生活上の問題は、留学生弁公室に相談するといった具合になる。

(1)カリキュラム

　中国語のクラスは一般的に初級、中級、高級といったふうにレベル別に開講される。クラスの構成は、1クラスが5名程度の少人数教育を売り物とする大学から、1クラスが20名程度を定員としている大学もある。一般にクラスは、月曜日から金曜日の週5日である。授業科目は、「漢語泛読」（中国語多読）、「漢語写作」（中国語作文）、「聴力」（リスリング）、「報刊」（新聞、雑誌）、「漢語精読」（リスリング、会話、文法、解釈を含む総合的な科目）などのほか、中国文化、中国史、風俗習慣などの文化的な科目も開講されている。中国の文化理解は、中国語の習得する上で効果的なものとなっている。高級レベルでは、さらに高度な運用能力を育成するために、貿易中国語、中日同時通訳などの専門科目も開講されている。漢語進修生の身分の留学生は、一般中国人が学習する他学院（学部）や研究生院（大学院）の授業を履修できないことになっているが、中国語の能力など一定の条件を満たす者には、聴講を許可する場合もある。一定以上の中国語能力と専門知識がなければ、聴講したところでついてはいけない。授業以外でHSK対策講座も開設されている。漢語進修生として所定の科目を修得すると学院から修了証書（「結業証書」）などが発行される。この証書には、漢語学習課程をいつ、どのくらいの期間、どの教育機関で学んだかということが記載されている。

3 現地の学校の様子

(1)留学生の宿舎事情

　一般的には大学内に留学生宿舎が設けられている場合が多い。部屋のタイプは、2人1部屋でトイレとシャワーが共同のものが標準である。安全性からか一般にキッチンが留学生寮内に設けられてこなかったが、近年宿舎を新設やリフォームしたところでは、共同の簡易的なキッチンがフロアごとに設けられている。フロアごとに共同で利用するシャワーは、一般に朝1時間（7時〜8時）、夜4時間（18時〜22時）などと利用時間に制限がある。洗濯機もフロアごとに共同で使用するところが多い。寮の中にもトイレ、浴室付きで清掃サービスのある一人部屋や大学がホテル一角を留学生専用にして、留学生に貸し出している場合もある。

　また2000年1月に公布された「高等学校接受外国留学生管理規定」によって、留学生がアパート等に住むことが可能となった。ただし、アパートは公安局から許可を取ったところに限られる。その手続きは、大学から学外居住の許可書をもらい、公安局へ届け出ることである。学外居住のメリットとして考えられるのは、外国人だけの居住区ともいえる留学生宿舎での共同利用の煩わしさ、学内の制約から逃れ、誰にも邪魔されない自分の自由な時間の確保ができること、プライバシー保護、あるいはもっと積極的に中国人社会の生活を味わうことができるといったものがあげられる。一方で逆に学外居住のマイナス面では、一般の中国人社会に飛び込み生活するとなると、家主との契約手続き、水道、ガスや電気などの利用契約やトラブル処理など生活環境を自分自らが解決していかなくてはならないことや治安の問題などがあげられる。外国人の学外居住に関しては、当然のことながら、中国語の運用能力が優れた者でなければ、長期に渡って生活するのは困難である。やはり留学生宿舎は不自由さがあっても環境としては、勉学する条件が整っている。ともすれば学外居住は、多くの時間とエネルギーを生活に投入することになり、授業に専念することができなくなるかもしれない。

(2)留学生の食堂事情
　一般に留学生の多い大学では、留学生専用の食堂が留学生宿舎やキャンパスにある。このような食堂の営業時間には、制限がある。たとえば、朝食（6時30分～8時）、昼食（11時30分～13時）、夕食（16時30分～18時30分）、夜食（19時30分～20時30分）のように時間指定されている。各国の食習慣、宗教習慣に合わせて、洋食やイスラム教徒ためのメニューなども用意される。中国的なメニューでは、マントウ、粥、葱餅（葱入りお焼き）、麺類、包子（肉マン・餡マン）類や餅（お好み焼き風お焼き）といったものが並ぶ。価格は、日本に比べてかなり安い。たとえば、朝食は3元～5元程度（100円程度）、夕食は10元～20元程度（300円程度）である。支払いは磁気のプリペードカードで清算する方式が多い。近年、大学改革の一環でキャンパス内に民間レストランのある大学が多い。こちらは多少割高であるが、留学生、一般中国人の区別なく、また営業時間帯に制限もなくメニューも豊かで人気を集めている。

(3)留学生の通信事情
　留学生宿舎の各部屋から大学のLANを利用してインターネットへ接続できる環境が整いつつある。大学LANを利用した場合安価（1時間2元程度）である。もちろん宿舎に設置されている固定電話からもダイヤルアップ方式での接続が可能である。固定電話を利用する場合、多くの大学宿舎で採用されている「201卡片」（201カード）が便利である。「201卡片」とは、200カード電話システムで使用されるプリペイド式テレフォンカードのことで、発信の際に「201＋カード上のIDナンバー＋相手の電話番号」をダイヤルし接続する。固定電話を利用した宿舎からメールの送受信などは、日本同様に中国のプロバイダーとの契約によりID・パスワードを取得すれば、すぐにメールのやり取りが可能となる。日本のプロバイダーによるローミングサービスもあるがこちらはたいへん割高である。また、宿舎の固定電話を利用したダイヤルアップ方式の場合にインターネット利用料金を別途徴収する大学もある。

COLUMN5
通信にみる文化事情　その1

①ポケットベルから携帯電話

　90年代の終わり頃からそれまで流行っていたポケットベル（BP機）に替わり、携帯電話（北京語では「手機」）が徐々に普及し始め、今ではすっかり一般の大学生も持てるほどになった。中国国内に限定されるが携帯電話でメールができる点は日本と同じである。また、中国の携帯電話が短期留学引率教職員や学生にとってありがたいのは、特別な手続きをせずにそのまま国際電話をかけることができることと、通話料は中国移動通信社製などのプリペードカード（「充値」カード。商品名では「神州行」など）を買って事前にリチャージ（「充値」）すればそのチャージした金額だけ利用でき、日本のように後日送られてくる請求書を心配する必要がないこと。ただし、電話を「かける」場合でなく「うける」場合にも通話料がかかる点は注意が必要。

　では、どうやって携帯電話を買うか。都市部などでは、外国人でも特に面倒な手続きなしで買うことが出来るが、大きな電器店などで購入することをお勧めする。購入の際には、保証期間を確認しておくとよい。また、最近では本体の中古品（「二手貨」）も出回っており購入することもできるが、電話本体の一部を改造するなどの粗悪品も多いためにあまりお勧めはできない。

　中国の携帯電話の便利な点は、携帯電話から直接国際電話をかけることが出来る点である。もちろん費用はそれなりに高いが、通話料を安くする番号（17951）を先方の番号の前に加えてからかける、あるいは国際IPカードを使って電話する、などの方法をとると格段に安い料金で通話ができる。日本の携帯電話でも海外から通話できるものもあるが、中国が通話地域に含まれていない場合がある。また、通話料も中国の携帯電話に比べると格段に高い。併せて、中

国の携帯電話に比べると通話中に相手の声が途切れる、聞き取りにくいなど難点も多い。毎年あるいは年に複数回訪中する場合には、中国で携帯電話を購入してしまったほうが効率的である。(但し、年に1回または半年に1回、発信もしくは受信をしないと電話番号が無効になるので、注意が必要)。

値段であるが、電話機本体と充電器に加えて、SIMカード(情報を登録するカード。「芯片」)、充電器とプリペードカードを購入して、約2000元程度である。これを安いとみるか高いと見るかは各人が判断されることだが、学生の引率では安全管理という側面から考えると1機はほしい。また、言うまでもないことだが、日本から持って行った携帯電話で中国国内の教員や職員の携帯電話に通話した場合は、「国際」電話となる。日本側に後日請求が来るだけでなく、中国の教職員に「国際」電話受信料を負担してもらう必要がある。

携帯電話の急速な普及に伴い地下鉄車両内で携帯メールをうつ人々を多く見かけるようになった。同時に市街から公衆電話(「公用電話」)が消えつつあるが、この辺は日本と同じ現象といえよう。

なお、「小灵通」(PHS)が中国では現在でも結構出回っている。料金的に安価であるのが人気の理由であるが、利用範囲は購入地域限定である。したがって、電話番号も購入地域の市外局番で始まる番号となっている。

COLUMN5
通信にみる文化事情　その2

②インターネット

　世界規模のIT化に伴い、中国でもインターネットが普及している。各家庭に一台、というものよりも、インターネットカフェ（「网吧」）でネットに接続「上网」する方法が一般的であろう。北京市内には24時間利用できるカフェを付設した大学もあるほか、学内寮の自室からADSLを使ったネットに接続できるよう工事をした大学もある。

　ちなみにインターネットが普及し始めた頃の北京では、青少年が長時間ネットカフェで入り浸っていることが教育上よろしくないと社会問題になり始めた。しばらくして市内のネットカフェで火災が生じ、これを機にカフェが一斉に閉鎖される、という「事件」があった。今ではほとんど復活したと言ってもよいが、接続スピードは決して速くはない。短期滞在者や業務で訪中する場合であれば日系ホテルのビジネスセンター（「商務中心」）で日本語環境を備えているコンピューター（「電脳」）を有料で利用させてもらうのも一つの方法であろう。

4　奨学金

　日本人学生が中国へ留学する際の奨学金には、中国政府が提供する「中国政府奨学金」、日本政府が海外に留学する学生を対象に支給する「日本政府奨学金」、その他日本の各種財団が提供する奨学金等がある。以下、各奨学金制度、募集財団の概略を紹介する。詳細は、取り扱い団体・財団に各自問い合わせのこと。

(1) 中国政府奨学金

　中国政府奨学金を扱っている団体は、文部科学省・独立行政法人日本学生支援機構、日中友好協会、霞山会がある。

a. 文部科学省・独立行政法人日本学生支援機構

募集人数：108人（2004年度）

留学生の種類・給費期間・奨学金支給額（2004年度）

種類	学業期間	語学研修期間 （中国語）	総給費期間	奨学金支給額 （月額）
本科生	4-5年	1-2年	5-7年	800元
普通進修生	1-2年	1年	最長2年	1,100元
碩士研究生	2-3年	1-2年	1-2年	1,100元
博士研究生	3年	1-2年	1-2年	1,400元
高級進修生	1-2年	1年	最長2年	1,400元

※財団法人日本学生支援機構　留学情報センター『2004年度中国政府奨学金留学生募集要項』を参照し作成。

応募資格（2004年度）

種類	年齢	学歴	語学能力
本科生	25歳以下	高等学校を卒業した者 （中華学校卒業者含む）	HSK初等C級（3級）以上 文学・歴史・哲学・中医学専攻者は中等C級（6級）以上取得者、または同等以上の中国語能力
普通進修生	45歳以下	4年生大学学部3年次以上の学歴 （短期大学卒業者含む）	原則として十分な中国語能力を有する者
碩士研究生	35歳以下	学士号以上の学位取得者	研究を遂行できる十分な中国語能力を有する者
博士研究生	40歳以下	修士号以上の学位取得者	研究を遂行できる十分な中国語能力を有する者
高級進修生	50歳以下	修士号以上の学位取得者	研究を遂行できる十分な中国語能力を有する者

※財団法人日本学生支援機構　留学情報センター『2004年度中国政府奨学金留学生募集要項』を参照し作成。

出願手続

　例年、1月頃に独立行政法人日本学生支援機構　留学情報センターより、募集要項が配布される。3月上旬（2004年度は3月2日）が願書提

出期限となっている。

選考
　一次試験は書類選考で、合否は3月下旬頃に文部科学省より通知される。書類選考の合格者は、4月上旬（2004年度は4月5日または、6日）に面接試験を受ける。面接試験の結果は、4月下旬頃、文部科学省より通知される。面接試験に合格した者は、文部科学省から、駐日中国大使館を通じて中国政府に候補者として推薦される。最終決定は、中国政府が行い、その結果は、文部科学省より直接本人に通知される。(8月下旬頃)。

問合せ先および出願先
　独立行政法人日本学生支援機構　留学情報センター　海外留学係
　住所：〒135-8630　東京都江東区青海 2-79
　交通：新交通ゆりかもめ　船の科学館駅　徒歩5分東京臨海高速鉄道
　　　　りんかい線　東京テレポート駅　徒歩15分
　TEL：03-5520-6131（音声・FAX情報案内サービス／職員への転送9060）
　FAX：03-5520-6121
　URL：http://www.jasso.go.jp/study_a/scholarships.html

b. 日中友好協会
募集人数：漢語進修生、普通進修生、高級進修生　計20人（2005年度）
　※出願に際して、出願料36,000円が必要。

問合せ先および出願先
　社団法人　日中友好協会
　住所：〒101-0054 東京都千代田区神田錦町 1-4
　TEL：03-3291-4231
　FAX：03-3291-4237
　URL：http://www.j-cfa.com/index.html
　E-mail：jcfa-r@ma.kcom.ne.jp

c. 財団法人　霞山会
募集人数：高級進修生、普通進修生　計5人（2005年度）

問合せ先および出願先
　財団法人　霞山会　文化事業部
　住所：東京都千代田区霞が関3-2-4
　TEL：03-3581-0401
　FAX：03-3581-0448
　URL：http://www.kazankai.org/
　E-mail：bunka_koryu@kazankai.org
　※質問は電話でのみ受け付ける。

(2)日本政府奨学金
a. 短期留学推進制度派遣留学生
　日本の大学・大学院の正規課程に在籍し、大学間交流協定に基づき、派遣先大学に留学する者を対象とした奨学金制度。月額8万円の奨学金（12カ月以内）が支給される。
　詳細は、在籍大学の国際交流部署に問い合わせること。
募集人数：635人程度

(3)留学奨学金を提供している財団の連絡先
a. 財団法人　平和中島財団
　住所：〒107-6033　東京都港区赤坂1丁目12番32号　アーク森ビル33F
　TEL：03-5570-5261

b. 財団法人松下国際財団
　住所：〒571-8501 大阪府門真市大字門真1006
　電話：06-6908-4488

FAX：06-6906-4124
URL：http://panasonic.co.jp/ccd/miftop.htm
E-mail：ajisuka@gg.jp.panasonic.com

5　留学情報

　日本で入手できる中国留学に関する情報の主なものは次の通りである。

①中国留学の手続き全般
　a. ㈶日本国際教育協会発行『海外留学ハンドブック（中国・東北三省）』（2002年）
　b. ㈶日本国際教育協会発行『アジア諸国への大学留学　中国編』（1998年）
　c. ㈶日本国際教育協会編『海外留学の手引き2002』（2002年）
　d. 秦佳朗著　三修社発行『中国留学ハンドブック』（2000年）
②奨学金に関して
　a. ㈶日本国際教育協会発行『海外留学奨学金パンフレット』（2003年）
③中国から提供されているWeb上の情報
　a. 中国留学服務中心「中国留学網」の「来華留学」サイト
　　http://www.studyinchina.net.cn/index_cn.jsp
　　中国語、英語、日本語による留学情報の提供。電子版の留学情報のなかでも最も内容が充実している。留学に関する諸手続きから中国政府奨学金やHSKを紹介したサイトなどが開設されている。
　b. 国家留学基金管理委員会「国家留学網」の「来華留学」サイト
　　http://www.csc.edu.cn/gb/
　　中国語のみ。「中国接受外国留学生高等院校通訊録」は中国全国省ごとに外国人留学生受入れ大学のリストを掲載している。リスト

には、大学名、電話番号、FAX 番号、留学生受入れ部門担当者のE-mai アドレス、URL、郵便番号と住所が記載されている。Web上のアドレスをクリックすると各大学へ直接アクセスできる。各大学が提供する最新の電子版情報を入手できると同時に中国語や英語でのE-mai メールによる問い合わせが可能である。渡航前の準備に大いに活用したい。

・中国教育部
www.moe.edu.cn
・中国教育科学研究ネットワーク
www.edu.cn
・中国留学サービスセンター
www.cscse.edu.cn
・中国大使館領事部
http://isb.china.jp/chn/index.html

6　各種中国語検定試験

　日本で実施されている中国語の検定試験には、中国国家教育部の漢語水平考試委員会が主催する「漢語水平考 Hanyu Shuiping Kaoshi」(略称 HSK)(年2回、5月、10月)、ベネッセコーポレーション主催の「中国語コミュニケーション能力試験 Test of Communicative Chinese」(略称 TECC)(年2回、7月、11月)と日本中国語検定試験主催の「中国語検定試験」(略称中検)(年3回、3月、6月、11月)などがある。

① 「HSK」は、中国語を第一言語としない中国語学習者のための中国国家認定の試験である。試験の説明はすべて中国語によるので、あらかじめ説明書を読んでおく必要がある。中国での試験と同一日、統一問題で実施される。基礎(1〜3級)、初中等(4〜8級)、高等(9〜11級)で数字の大きいほどレベルが高い。ちなみに基礎1級では、簡単な中国語会話と600個前後の中国語の常用語、文法が試される。

基礎2級では、日常生活や一般交際に必要な中国語運用能力が試される。

② 「中国語コミュニケーション試験」（総合的な中国語コミュニケーション能力を測定する試験である。中国語版「TOEIC」である。初心者から上級者まで一種類のテストで測定する。1000点満点で証書が発行される。試験中の説明はすべて日本語である。ヒアリング部分などは会話形式、図形や写真などの描写、実際のドラマの一節や放送の音声の一部などをとりいれた設問などがある。

③ 「中国語検定試験」は、1級、2級、準2級、3級、4級、準4級にレベルが分かれる。ヒアリングと筆記で、マークシート方式の他一部書き取り問題もある。ちなみに3級では、一般大学の第2外国語として2年間学習した程度（200時間～300時間）、一般常用語彙1000～2000、文法、簡単な日常会話、文章の読み書き、聴き取りがされる。

それぞれの検定試験の問い合わせ先は、下記の通りである。

a. 中国の漢語水平考試委員会主催の「HSK」
〒100083 中国北京市海淀区学院路15号　北京語言大学漢語水平考試中心
電話：+81-10-82303685
URL：http://www.hsk.org.cn/
HSK日本事務局
〒560-0021 大阪府豊中市本町5-1-1　教育センタービル
電話：06-6857-3397
E-mail：hsk@iyda-ie.or.jp
URL：http://www.iyda-ie.or.jp/hsk/top.htm

b. ベネッセコーポレーション主催の「中国語コミュニケーション能力試験」
中国語コミュニケーション協会　TECC検定事務局
電話：0120-055280（フリーダイヤル）、03-5351-4839

URL：http://career.benesse.co.jp/tecc/index.html

c. 日本中国語検定試験主催の「中国語検定試験」
〒 112-0002 東京都文京区小石川 4-20-1
電話：03-3818-6211
E-mail：info@chuken.gr.jp
URL：http://www.chuken.gr.jp/

COLUMN6
留学生宿舎の「後勤社会化」（アウトソーシング）

　「後勤」とは、日本語で後方勤務と訳されるが、中国の大学内では教職員や学生の生活面を支援する業務を指している。「社会化」はこれまで国営であったものを民営化して効率を高めるという意味で用いられる。たとえば、留学生宿舎の事務室では、ほぼ 24 時間にわたって建物の保守管理、入居者の要望への対応、非居住者の入出の管理などを行っているが、これらはアウトソーシングされている場合が多い。新中国成立以来、大学は、キャンパス内に中国人学生宿舎、教職員宿舎、留学生宿舎、各種食堂や売店などを備え、小さなコミュニティを形成していた。特に 1999 年 12 月に「関于進一歩加快高等学校後勤社会化改革的意見」(政府通達)が出されて以来、大学の管財部門や食堂部門などは急速にアウトソーシングが押し進められている。これを「後勤社会化」といっている。これまで大学の負担となっていた生活支援部門を切り離すことによって、経済的負担と大学執行部の精神的負担を軽減し、その分を教学部門の強化に向けようというねらいである。また一方で「後勤社会化」は、民間による安価で質の高いサービスが提供されることが求められる。

COLUMN7
中国における外国人留学生の偽造書類

近年、日本において外国人留学生からの出願書類の真偽証明で困難さが話題となっているが、中国においても類似の事例が起きてきているようである。中国の大学の担当者によると「本年度の外国人留学生入試で入学出願書類に偽造されたものがあった。中国国内で中国人の偽造書類が横行しているのは承知していたが、本学で外国から出願してくる留学生にそのような不正行為があるとは思いもよらなかった。不正書類はHSK証書だったので、HSKのホームページ等級証明のサイトで、すぐに偽造が確認できた」という。中国の大学入試担当者は、高い出願費用が無駄になり、さらに受験資格を失ってしまう留学生の軽率な行為を嘆いている。入試担当者の嘆きは日中共通のようだ。

COLUMN8
SARSにみる庶民の文化事情── SARSから得たもの

2003年春、中国の広東省に端を発した重症急性呼吸器症候群「非典型肺炎」いわゆるSARSは、6月24日のWHOによる終息宣言まで、中国全土を見えない恐怖に包み込んだ。胡錦涛国家主席自ら広東省の医療機関を視察した。当時、医療用防塵マスクで医療行為を行う医師たちに混じり、マスクの着用もないまま、中国の新指導者はその身一つでSARSの渦中に身を投じたと報道された。2003年3月に成立した中国新指導部にとって降って沸いたような災難を如何に克服するか、中国人のいうところの「大きな試練」となったのである。中国政府は、「同舟共斉　戦勝非典」(同じ船に乗った者

が力をあわせて、SARSに打ち勝つ）のスローガンを掲げ、SARSへの政府の取り組みを市民に訴え、SARSの抑制、その予防に力を注いだ。また、医療従事者の日夜を問わない献身的な働きをたたえ、テレビ番組でSARS感染者の完治までの成果をドキュメンタリーとして報道し、市民の一致協力の様子などをライブ中継した。またWeb上では中国のあらゆるサーチエンジンのトップページに「非典専欄」（SARSコーナー）を特設し、刻々と移り変わる情報を伝えた。この間、中央電視台のニュースではSARSを取上げない日はなかった。北京においては、約2カ月間小学校を閉鎖し「空中教室」（通信教育）でテレビを利用した自宅学習を実施した。また自宅に足止めをくらったのは子供だけでなく、大人も多くの公営機関や民営企業が半数出勤体制となり、外出を避ける日々が続いた。SARSが中国社会に与えた影響について、北京の庶民生活にみられるものに限って挙げてみると、公共交通機関の利用を避けた結果、自家用車の利用率が増加し、これを機に自家用車を購入するものも出た。ただでさえマヒ状態の北京の交通網がますます混乱を極めた。外出を避ける市民は、スーパーの食料品をまとめ買いし、食料品が一時不足する事態が生じた。また衛生に敏感となり、飲食店などのサービス業では、客足が遠ざかりSARS以来長い間シャッターを降ろしたままの店舗も出た。一方、庶民はこの機会に家族の団欒が与えられ、家族との時間を過ごすよさを感じた。そして、自宅でのんびり過ごす市民にとって、外界との接触を図る手段は、インターネットとメールそして携帯電話であった。この間も庶民は、ADSLなどでネットサーフィンを楽しみ、チャットやメールで友人との情報交換を行っていた。そして目に見えないSARS伝染に怯えながらも、ネット上ではSARS撲滅をパロディー化してしまうなど、力強い庶民精神が根底には生きていた。SARSが北京の庶民にもたらした変化の中で、評価できるものといえば、手洗い励行の習慣が今もつづいていることであろうか。

COLUMN9　その１
中国の大学院における「師弟関係」

　中国では、大学の学部に相当する「本科」において、日本の大学にみられるようなゼミナールは存在しない。そのため、一般に、日本の大学学部生に相当する中国の「本科生」は、ゼミの指導教授を持たず、本科生は、大学４年間（専攻によっては５年、あるいは６年間）を通して、「班」（クラス）単位で授業、指導を受ける。日本の大学院に相当する「研究生院」になって初めて、指導教授によるゼミナール形式の授業、および個人指導が始まる。

　日本の大学院生に相当する中国の「研究生」は、碩士研究生（大学院修士課程生）と博士研究生（大学院博士課程生）によって構成されており、教授職にある教員は、碩士研究生、博士研究生を、副教授職にある教員（日本の大学の助教授に相当）は、碩士研究生を受け入れている。

　指導教授と学生の関係は、非常に親密で、指導教授は、学問のことだけではなく、学生の生活や個人的な悩みごとの相談にも乗り、指導教授は学生にとって、「人生の師」となることを期待されているのである。

　同じゼミに所属する学生同士の関係も同じく親密である。指導教授はさながら「家長」で、ゼミの学生はそれぞれ、「師兄」（シシュン）「師弟」（シディ）「師姉」（シジエ）「師妹」（シメイ）と呼び合う。これは、師を同じくする兄弟姉妹という意味で、男性の先輩は、「師兄」、女性の先輩は「師姉」、男性の後輩は「師弟」、女性の後輩は「師妹」と互いに呼び合う。ちなみに、ゼミの学生達は指導教授の奥様を、尊敬と親しみの念を込めて「師母」（シム）と呼ぶ。

　日本の大学院の文科系専攻では、学生同士の結びつきはさほど強くなく、学生はいわゆる「個人プレー」を好み、それぞれ自分の研究に専念するという傾向があるといわれているが、中国の研究生院

では、文科系専攻のゼミでも、指導教授の指導の下、学生同士が助け合い、協力し合って、研究を進める傾向が強いように思われる。「師兄」「師姉」は、「師弟」「師妹」の論文の添削を進んで申し出たり、参考文献の情報を提供したりと、協力を惜しまない。「師弟」「師妹」も、指導教授に相談する前に、まずは「師兄」「師姉」に助言を求めるそうである。

　中国の研究生院における、指導教授と学生、学生同士の結びつきは非常に強いが、この結びつきは、同時期に在学した者同士の間に限らず、いわゆるOB、OGとの結びつきも非常に強く、一家を成している。

COLUMN9　その2
中国の大学院における「師弟関係」

　筆者が実際に遭遇した例を挙げてみたい。A教授の現在の学生、Bさんが、日本の協定大学に1年間、交換留学生として留学することになった。A教授の10年前の卒業生、Cさんは、A教授からの連絡を受け、Bさんを空港まで迎えにいき、Bさんの来日当日は、Bさんを自宅に宿泊させ、料理をご馳走し、日本で生活する上での注意など、必要なことをBさんに説明してあげた。Cさんはその後も、Bさんを時折、自宅に招いては料理をご馳走し、Bさんは、何か困ったことがあれば、Cさんに助言を求めるといった親密な関係が続いている。

　現代の中国社会は、急速な経済発展に伴って、人間関係も「ドライ」になってきたといわれているが、大学院における「師弟関係」は、まだまだ親密なようだ。学生達は、教授を中心として、時空を超えた強固な「絆」で結ばれており、頼ったり頼られたりと、まるで一つの大きな家族のような温かい関係を築いている。

COLUMN10
論文にみる文化事情

　日本人の論文は結論を述べるとき、しばしば「かもしれない」「であろう」「とみてよい」などが用いられる。それを中国語にそのまま訳すると不確定な意見となる。中国人の習慣に合わせるならば、大部分は断定的な文に訳されなければならない。そうでなければ日本人が何を主張しているのかわからない。『こんな中国人　こんな日本人』の著者蘇州大学陸慶和副教授によれば、日本人の論文は豊富な資料があるが結論がないといわれ、一方中国人の論文は主観的で断言しているがそれを裏付ける資料に乏しいという。また日本人は結論を最後に述べ、しかも断定的な表現を避けるため、まだ結論に達していないような印象を中国人に与える。これに対して、中国人は結論をはじめにいってしまうため、はじめに結論に達したかのような錯覚を日本人に与えるという。このような論文の表現の違いが日中の意思疎通の構造の違いでもある。

第2章　日本人の短期中国語研修プログラムによる派遣

　大学主催で主に夏季休暇中などの期間に実施される中国語短期研修は、学生個人にとって中国語学習と同時に異文化体験ができる点でおおきな価値がある。またこの体験が中国への長期留学の導入編ともなる。短期研修によって得られるメリットは、国や社会の違いはもちろんのこと、大学間の文化の違い、人生観の違いなどを実体験を通して理解できることである。また中国人と日本人の価値観の違いや日中の文化の同質性や特異性も理解することができる。一方、大学側が実施する意義は、学生の異文化理解、学生間の相互理解を深めると共に、大学間の人と人のネットワークの構築ができることにある。そのためには活発な現地での交流活動を実施し、豊かな体験をものにすることである。ここでは、大学主催の短期中国語研修で、大学関係者が企画から引率するまでの必要な知識について述べる。

1　短期中国語研修の企画

　現在各大学で行われている短期中国語研修は、夏季休暇や冬季休暇など日本の大学の休暇期間を利用して3～4週間で行われるものが多い。また実施大学も既に協定関係にある大学がほとんどである。中国の大学と新たに中国語研修実施のみに関する契約を取り交わして行うことも可能であるが、大学が企画し実施するのは、あくまでも大学間交流の一環である方が望ましい。夏季中国語研修を実施している中国の大学は多く、大学が企画しなくとも、学生は一般公募で参加することが可能である。しかし、それに比べて協定校で実施する場合は、教員・学生の交流への相乗効果や安全性、利便性がある。また単位認定、トラブル処理などの点でメリットも多い。実施にあたっては、協定校が不便な地域や方言のある地方にあるケースもでてくるが、短期の中国語研修が成功するため

の重要なポイントは、方言や地域ではなく、相手大学の受け入れ態勢、特にプログラムの内容と担当教員の質にあると考えるべきである。特殊なケースを除き、大学内ではほとんど標準語（普通話）が通じると考えてよい。そこで、望ましいプログラムについて以下に述べる。

(1) 日程

　日本の大学の夏季休暇期間中の7月末出発8月末帰国と8月中旬出発で9月中旬帰国、あるいはその中間のスケジュールが考えられる。ここで考えなければならないのは、中国の大学の夏季休暇と受け入れ可能な時期である。中国の大学は、6月上旬に全国の入学試験が行われ、9月上・中旬に新入生が入学する。また一般に2年生以上は9月上旬から授業が始まる。もし現地の大学生との交流を考えるならば、9月中旬頃まで延長することが望ましいこととなる。次に費用の問題であるが、出発時期が航空運賃に大きな違いがある。8月のお盆前後は価格的に高くなっているので、できれば避けたい。大学としては少しでも安く、安全でいいプログラムを学生に提供することを追求しなければならない。

(2) 費用

　費用は、大きく航空運賃、プログラム費、宿舎費、その他に分けられる。航空運賃は、いくつかの旅行業者から見積もりを取り、同じ条件であれば安いところを選ぶのが一般的である。ただ飛行機の機種などこだわりのある場合は、あらかじめその旨を伝えて見積もりをもらう必要がある。また学生の旅行保険などもセットすることによって、保険金額はどの業者も共通であるが、航空運賃を値引きする業者もある。一般に旅行業者に依頼するのは、航空運賃と旅行保険、ビザ等で、引率やガイドは必要としていない。プログラム費は、中国の実施校との交渉となる。一般には、授業の講師料、小旅行・フィールドトリップの費用、中国国内引率担当者の費用等である。これらは一括して受け入れの窓口となっている部局に支払う場合が多い。大学内の宿舎であっても管轄は別である場合や近くのホテルに泊まって研修を受ける場合もある。また食費も同様で

ある。これらは受け入れの窓口部局経由で支払われる場合とそれぞれのところに直接支払う場合がある。いずれにしても現地での費用は前もって見積もりを出させた上で、事前に交渉し決定する必要がある。現地で支払う費用が決定したならば、その額に120%をかけた金額を基に、航空運賃、保険料、査証料等を加え1人の参加費を算出する。現地費用には誤差が必ず出てくるからである。もちろん引率者の費用、現地でのこちらが主催するパーティなどの費用は、大学の公費負担とするか、参加者の負担とするかによって参加費の計算は異なる。一般には、引率者の航空運賃、宿泊費などは大学負担とするケースが多い。

(3)プログラム内容

　中国語のクラスは、1クラス10人から15人までである。中国語のレベルに差があっても派遣人数が少ない場合、1クラスの中で行うこともある。参加者の中国語学習歴を申し込み時に調査し、事前に知らせておく必要がある。ほとんどの講師は日本語をしゃべらない。黒板に漢字を書き、身振り手振りでことばを教える。はじめは先生も生徒もコミュニケーションに大変である。しかし4、5日もすれば、うまくゆくようになるので心配はいらない。授業は一般に午前中のみで、午後は文化講座や自由活動である。土曜日、日曜日に授業が実施される事例は少ない。大学が中国語の授業として単位を認定するのは、この午前中の授業のみか、午後の文化活動を含めるのかによって時間数が異なる。一般には中国語授業時間のみを中国語として、それ以外のものは総合教育科目の「国際交流科目」として認定するなどが可能である。外国語の単位数は、旧設置基準に基づけば30時間が1単位となる。授業時間数と認定される単位数は募集時から学生に知らせておく必要がある。また成績評価については、自大学の希望する成績評価基準を事前に現地の授業担当講師に示しておくことも必要であろう。

(4)小旅行、課外活動

　授業以外の時間をどのように有効に活用するか。一般には、早朝の太

極拳、午後の文化講座、そして土日の小旅行である。その他に中国の学生との交流も企画することが可能である。ただ日本人学生の中国語能力が低いため交流が難しい場合が多く、実施大学に日本語学科がある場合には、その2年生レベルと交流するのがよい。日本語のよくできる学生の場合には相互学習には向かないからである。大学が交歓会を開催し最初のきっかけを提供すれば、後は本人同士が自由時間を使って交流するようになる。小旅行は、故宮博物館、万里の長城、兵馬俑に代表される現地の名所旧跡や歴史的建造物が中心であったが、最近では上海などでは、近代的な発展状況を理解するツアーや中国の庶民生活を窺い知るツアーも実施されている。若い日本人は日中戦争にかかわる史跡には行きたがらないが、歴史上の事実を知る上で必ず自分の目で見ておくことが必要である。日本を考える上で、学生時代に現地を訪問する意義は大きい。文化講座には、中国の古典音楽、書道などさまざまなものが企画可能であるので、参加者の希望を事前に連絡しておくとよい。

(5)その他の企画上の注意

　航空運賃は、旅行社数社から毎年見積もりを取り、安価で実績のある業者を選定する。引率者は教職員に依頼する。その場合経験がない教職員には、引率に必要なオリエンテーションを行う。引率者、学生の保険に関して、大学として保険に加入する。その場合必要な項目のみ、たとえば、傷害死亡、傷害治療、疾病治療、救援者費用などを選んで加入すると安価になる。またテロ行為によって発生する傷害・損害については、各人任意で加入する旨を伝えておく。

　合格発表時には、研修参加者と保護者の署名で大学への誓約書を提出させる必要がある。その中には、団体行動、相手校の学則遵守、危険な地域に近づかないこと、参加費の返還等に関する了解事項を記載する。またパスポートの申請は各自で早めに行わせ、査証の申請は大学が一括して業者に委託するのがスムーズである。

【参考】
短期中国語研修プログラムの事例

日数	曜日	8:00-8:50	9:00-9:50	10:00-10:50	14:00-17:00	18:00-
1	月				現地到着	入寮手続き等
2	火		開学式*1	クラス分けテスト*2	キャンパスツアー、両替等	歓迎宴会
3	水	授業開始、中国語発音	中国語文法	中国語閲読／中国語会話	チュートリアル*3	
4／5	木／金	〃	〃	〃	文化専門科目*4／参観	
6／7	土／日	終日フリー				
8〜12	月〜金	中国語発音	中国語文法	中国語閲読／中国語会話	文化専門科目／参観／チュートリアル	雑技観賞など／金曜夕方から旅行に出発
13／14	土／日	一・二泊の旅行（西安など）				
15〜19	月〜金	中国語発音	中国語文法	中国語閲読／中国語会話	文化専門科目／参観／チュートリアル	
20／21	土／日	終日フリー				
22〜25	月〜木	中国語発音	中国語文法	中国語閲読／中国語会	文化専門科目／参観／チュートリアル	京劇観賞など／答礼宴会*5
26	金		結学式*6	茶話会*7		
27	土	終日フリー				
28				帰国		

＊1 始業式で一般に中国側と日本側の双方の代表者が挨拶を行う。
＊2 「分班考試」すなわちプレースメントテストが行われる。
＊3 中国人チューターが日本人学生からの学習に関する質問に答える時間
＊4 中国に関する文化的な専門科目を通訳を介して行う授業
＊5 引率者が受け入れ教員とスタッフを招いて行う御礼の宴会
＊6 終業式で始業式同様に中国側と日本側の双方の代表者が挨拶を行う。
＊7 参加学生による先生やチューターへの感謝の催しを行う。

第2部　派遣編　69

2　オリエンテーションと反省会

出発4週間前から2週間前までに事前のオリエンテーションを行う。

(1)事前の心構え
　中国語研修は観光旅行ではないこと、真摯な態度で学習に取り組むこと、そして大学の名誉を傷つけないように自覚し、また団体としての行動を乱さないように気を付けること、個人の勝手な行動や時間に遅れ、受け入れ大学・他の研修者・引率者に迷惑を掛けないこと、また郷に入れば郷に従えというように、中国では中国のルールを守り、大学生として恥ずかしくない行動をとり、中国人民を傷つける発言、非友好的な態度を取らないことなどを説明する。

(2)学習目的
　中国語の修得が主目的であることを自覚し、自分から積極的に勉強するために出発前から準備をすること。また現地での学習は教室のみではなく、学習したことを活用することによって、しっかりした基礎が築かれるため、積極的に教室外での活動に参加すること。中国語の学習は、中国の文化・習慣、社会・歴史、中国人の考え方と切り離すことができない。またそのような知識は中国語学習を助けてくれるものと考え、積極的に理解に努めること。受講に際しては、中国人教員に対して尊敬の念を払い、決して遅刻せず、授業中に居眠りをしないこと。服装に関しては、サンダル履きなど行き過ぎたラフな恰好で授業には参加しないこと。

(3)生活上の注意
　教室、図書館、宿舎をトライアングルに授業を中心とした生活を組むこと、夜遅くまで話をしたり、酒を飲んだりすると遅刻や授業中の居眠りなどの原因となる。また、体調を崩す要因の一つに睡眠不足がある。

就寝時間を決めて、普段の日本でいるときより早めに就寝すること。中国での生活は日本に比べると、アメニティが低いと思われるが、それぞれの国の生活水準や生活様式に慣れることも学習であり、異文化学習の第一歩である。電圧は 220V である。海外用の電気製品を使用するか、もしくは変圧器がなければ電気製品は利用できないなど、生活用品についての説明をすること。気候にあった服装を準備すること。

(4)健康管理

　自分で健康管理をすること。持病、風邪、消化剤、下痢止め、ビタミン剤、消毒ティッシュ、マスク、うがい薬、のど飴など自分で必要と思われるものを持参すること。現地では暴飲暴食を避け、夜は早く就寝し、睡眠時間を十分確保し、手洗い、うがいの励行など衛生面で注意すること。疲れていると感じたときには日本で習慣がなくとも昼寝をするのもよい。また生水、水道水は飲まないこと、安価であっても不衛生なところでは飲食を避けること、病気になったと自覚したらすぐに引率者や現地の先生に申し出ること。

(5)安全管理

　スリ、泥棒に遭わないように、バス、百貨店など混雑したところでは、外国人は目立つので十分に注意すること。宿舎から出るときは、部屋の鍵を必ずしておくと共に、貴重品を部屋には置かないこと。交通事故に遭わないように注意すること。中国では人より車が優先されるので、車は避けてはくれないし、事故にあっても補償は少ない。また日本と違って車は右側通行である。治安がいくらよいと思っても、夜遅い外出は避けること。人口の多い、貧富の差の激しい中国では、どのようなことが起こってもおかしくはないことなどをあらかじめ説明しておく。

(6)現地でのオリエンテーション

　研修大学に到着したその日、又は翌日の午前中に注意を行う。受け入れ大学のオリエンテーションと合同でもよい。中国語学習に専念できる

ように、現地の授業予定と共に生活面、安全管理面、健康管理面を中心に注意を行う。
　①授業の行われる場所、食堂、図書館、宿舎、大学の連絡窓口となる場所、またその施設、設備の使い方などのキャンパス情報について説明する。近隣の銀行、郵便局、レストランなどについても資料があれば配付する。
　②その地区の危険な場所、店、事柄などについて注意する。
　③授業のスケジュール、時間割、門限など資料を配付し説明する。
　④受け入れ大学からの要望、注意を伝える。
　⑤現地での連絡網、グループリーダーを確認し、緊急時の連絡方法、部屋番号を再確認する。
　⑥出発前の注意項目を再度説明する。

(7)現地での反省会と帰国後のまとめ
　①現地で事故が発生したときには、事故の成り行きをみて、全員にその経緯を客観的に伝え、今後の対応に注意する。
　②中国語研修が終了し、現地の担当教員との交歓会に際しては、これまでの自分の至らなかった点を率直に反省するとともに、担当教員に感謝の気持ちを伝えることが大切であることを説明する。
　③帰国後1カ月以内に写真交換会などの名目で参加者を招集し、参加者の意見交換とアンケートを実施する。参加者が希望するならば参加感想文集を作成するなどもよい。学習の相乗効果が得られる。また成績の配布、単位認定の届出方法等を通知するとともに、次年度募集の説明会などの協力者も依頼する。

3　トラブルと緊急事態への対処

(1)トラブルの事例
　①宿舎で盗難（財布、カメラ、携帯電話）にあった。

②研修最終日に、興奮した学生が噴水のある池に入り、噴水を壊し弁償した。
③フィールドトリップでバスが故障し、タクシーに分乗し受け入れ大学の中国人職員が行き先を伝えたが、1台到着せずに行方不明となり、出会うのにかなりの時間を要した。フィールドトリップ先の宿泊ホテル名を知らず、問題が大きくなった。
④潔癖性の学生が、中国の環境に馴染めず、結果的に帰国した。
⑤中国の学生と飲酒し、アルコール度の高い白酒を飲まされ泥酔状態になった。
⑥夜タクシーに乗り、ふっかけられた。
⑦お釣りに偽札をもらった。
⑧職員が学生の授業料の両替のために、銀行でパスポートを預けたまま返してもらうのを忘れ帰寮してしまった。あとから銀行に行ったら預かっていてくれた。
⑨留学生寮の女性専用のシャワー室で覗きがあった。
⑩公園でボートに乗るために料金を払った後で急に人とぶつかり、財布を盗まれた。
⑪宿舎内にあるポットを壊してしまい、学生自ら弁償した。

(2)現地での連絡体制の確立

　不幸にも不慮の事故が生じたら、まず受け入れ大学のスタッフの協力を仰ぐことである。現地で事故処理を行なうには、さまざまな側面からの援助が必要である。引率者は一人で解決しようと思ってはならない。この観点に立って現地での連絡網を作成して協力体制を確立しておくことはきわめて重要である。その連絡網を参加学生と親に配布することも必要である。連絡網作成には日本公館、病院、宿舎等の場所・電話番号・ファックス番号等を確認して記載すべきである。

(3)病院と緊急連絡先

　大学から車で30分圏内の総合医療機関。日本人、欧米人向けの医療

機関で日本語が通じればさらに望ましい。ただし、学生が加入する海外旅行傷害保険でキャッシュレス・メディカルサービスの適用を受けることができるかを、事前に確認が必要。日本人、欧米人向けの医療機関は一般的にかなり高額である。引率者は留学開始早々に当該医療機関を訪ねておくとよい。その際に加入者全員の保険証券番号、保険会社、補償内容のまとめたものを提出しておくとよい。地方の大学であれば、その地域の最も医療水準の高い医療機関を事前に受け入れ大学に確認しておくこと。

　なお、旅行会社（夜間連絡先、現地担当者）、保険会社、大使館／領事館等の連絡先も確認しておくこと。また大使館／領事館へ、事前に短期中国語研修の参加者名簿とプログラム内容、学習期間、引率者の連絡先等を届け出ておくこと。

(4)日本への緊急連絡体制

　日本への緊急連絡が必要となることもあるので、以下の項目を記入した連絡網を作成することが必要である。ただし、これらの項目は個人情報保護法にも関わるものなので配布先は学内関係者にとどめるなど気遣いが必要である。

　a. 学生の親族の住所、電話番号
　b. 学生の保険証券番号、パスポート番号と満期
　c. 健康管理上特別な処置が必要な学生から提出された診断書記載内容
　d. 短期中国語研修の担当者の自宅電話番号、携帯電話番号
　e. 短期中国語研修の責任者（事務長、部長等）の自宅電話番号、携帯電話番号
　f. その他大学関係者の自宅電話番号、携帯電話番号
　g. 担当旅行会社の電話番号（平常時連絡先、夜間連絡先共）
　h. 担当保険会社と代理店の電話番号

以上の項目をすべて記載した連絡網を常に持ち歩くのは不便と思われ

る場合には学内担当者と責任者の連絡先のみを名刺サイズにまとめて財布等に入れておくとよい。

　なお、日本の大学が土曜日、日曜日、祝祭日、休業日などで担当部署に電話が通じない際の緊急連絡先を決め、参加学生を通じ親族などに事前に周知させておくことも必要である。同時に担当部署における留守番電話での案内も重要になってくる。緊急連絡先には大学の宿直室・守衛所がなっているケースが多い。大学の宿直室・守衛所から短期中国語研修の担当者・担当部署の責任者へ連絡し、担当者もしくは担当部署の責任者から折り返し連絡するという方法をとる場合、もしくは親族に担当者もしくは担当部署の責任者の自宅の電話番号、携帯電話の番号を直接伝えている場合もある。

4　学生引率者の仕事

　学生の引率者が教員である場合と職員である場合で、その仕事の範囲は異なるが、引率者は、大学の責任者として、主として学生の事故、健康等に対処し、且つ受け入れ校との友好関係を推進し、スムーズに研修が行われるように側面から支援することがその役割である。主に次のような仕事がある。

(1)**研修スケジュール、施設設備の確認**
　到着後すぐに受け入れ側の担当者と打ち合わせ、研修スケジュール、授業時間割、研修費用、宿舎の設備（電話、インターネット、洗濯機等の利用方法）、治安、その他危険な場所・事柄等について確認し、学生に伝える。できれば、オリエンテーションの時間を設け、スタッフ紹介、危険情報の伝達等をし、時間的に余裕があれば、避難訓練やキャンパスツアーもしておきたい。

⑵学生の生活指導、健康管理

　夜更かし、過度の飲酒等によって体調を崩さないよう随時指導する。また病人がでた場合、現地担当者と連絡をとり、病院には必ず付き添う。授業の遅刻やずる休みが重なる者には注意する。

⑶授業の参観

　適宜授業の参観を行う。学生の授業態度に問題がないか確認する。また現地教員の授業方法に問題がないか確認する。それぞれに問題があった場合は、現地の担当者と話し合い解決策を検討する。

⑷公式行事への参加

　現地のプログラム開始時、及び終了時に、それぞれ「開学典礼」（始業式）、「結学典礼」（終業式）の式典が行われる。学生・引率者は参加する。引率者はそこでスピーチが求められることがある。できれば事前に準備しておくとよい。一般に通訳がつくので日本語でよい。一方、お世話になる側としては、研修期間中に受け入れ側の担当者、講師、関係者を集め、感謝の意味で招宴を催すのが一般的である。引率者は現地担当者に相談し、実行責任者にならなければならない。なお、中国の宴席では、着席の場所によってその地位が表される（参考：COLUMN12）。

⑸緊急事態への対処

　引率者の一番重要な仕事は緊急事態への対処である。現地担当者の協力を得て、できる限りの対処をする。内容は、前述のとおりである。そのためには、引率者は参加学生の学習状況や生活状況を常に把握しておくこと、引率期間中は、自分の研究等により、研修先から離れるような行動をしないことが肝心である。

COLUMN11
土産物にみる文化事情

　日本から中国へのお土産で中国人に喜ばれるお土産も中国の発展とともに大きく変わった。開放政策がとられてすぐの1980年代は、中国国内の物資も少なく、安価な100円ライター、外国製のたばこ、女性のストッキングでも大変喜ばれた。その後、1990年代初めになると、日本では比較的安価であるが、中国ではやや高級感のある電卓、デジタルウォッチなどが喜ばれた。1990年代後半からは中国の市場経済が大きく発展し、日本にあるものなら中国にないものはない時代を迎えた。また、安価な電気製品、日用用品はほとんどが中国産かその他のアジアの国で生産され日本に輸入されており、メイド・イン・ジャパンではなくなった。日本から中国へのお土産としては使えない。日本人以上に見栄を気にする中国人にぱっとしない物は贈りにくく、日本に来ている中国人も同様帰国の時の土産に苦労する。こうなれば日本人が日ごろお土産としている、お菓子、酒（日本滞在経験者向き）、文具等のごくごくありふれた物にせざるを得ない。中国からの日本への土産も同様で中国独特の商品も日本の商店に溢れており、これといったものは見当たらない。日本から中国、また中国から日本への土産に頭を悩ませているのは日本人だけではないようだ。

COLUMN12
中国の宴会の席順

　中国では昔ながらの席次文化が今も残っているので注意が必要である。『礼記』「郷飲酒義」には、「主人は賓客を尊ぶから、賓客の座を西北に設け、賓客の介添人の座を西南に設けて、賓客を補佐させる。（中略）主人は東南に座し、主人の介添人を東北に座させしめ主人を補佐させる」と規定している。しかし、現在の中国人の座席の順序は、一般に中央の席が最も尊ばれる。中国人の宴席では、席順は「序列」と考えてもよい。主催者と招待客の区別はもとより、招待客のメンバーの序列を考慮して席順を決めなければならない。一般的に円卓での席順は以下の通りである。

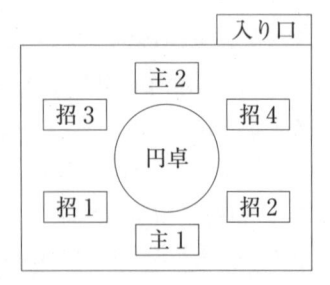

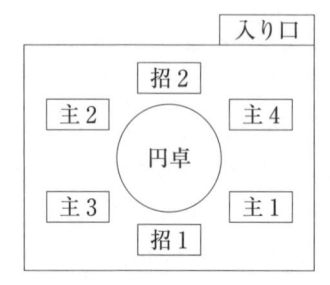

	入り口				入り口	
	主2				招2	
招3	円卓	招4		主2	円卓	主4
招1		招2		主3		主1
	主1				招1	

【参考文献】

澤谷敏行「アジアへの海外留学」『留学交流』（財）日本国際交流協会（2002.7）
『留学中国』中国高等学校外国留学生管理学会編（2002）
『漢語水平考試手冊』『漢語水平考試（HSK）簡介』（2002）
「中国語能力認定試験（基礎・初中等）HSK 2005年度」

第3部　日中の大学間交流編

　一衣帯水の隣国の中国と日本は、歴史的に往来も多く、互いに政治・経済・文化に強い影響を与え発展してきた。特に改革開放後の中国の経済発展は、言葉にはあらわせない目覚しいものがある。今後日本との交流・往来はますます頻繁になり、関係がさらに深まってゆくにちがいない。そのような中で、日中の大学間の交流は、民間の交流と位置付けられる。それは政治的な意味合いを含まず、互いに友好協力関係を深め、相互理解、相互援助、相互発展を促進することを目的とするからである。経済面では、互いに過大な期待をもたせないように、各自の能力と学内事情に応じて実施されることが大切なポイントである。そして長期にわたって交流を続けてこそ、その目的が実現されると考える。なぜなら交流は中身であり、両校が長いスパンでお互いに大学の特長を生かし、交流を通じて大学の評価を上げてゆくことが、協定交流の隠された狙いと考えられるからである。したがって、交流は形式にこだわらず、実質的な意見を率直に出し合える関係を築くことが必要である。一定間隔で日中間に起こる事件の根底には、相互理解の欠けている場合が多く、一般の中国人の対日理解は戦争中のもので、また一般の日本人の中国理解は改革開放前の古いものである。このような課題を考えるとき、大学間の交流は、民間交流として国と国、人と人の相互理解とネットワークの構

築を促進する点で大変意義のあるものである。ここでは、日中の大学間交流の問題を中心に述べる。

1　交流協定の結び方

　前述の通り交流協定の目的は、相互理解、相互援助、相互発展にあるが、長期に交流してゆく中で大学として特長が生かせ、評価を上げることにつながってゆくという実利的な目標がなくては、慈善事業になってしまう可能性がある。一般的には、大学の特徴に共通性があり、相互の希望や要求が受け入れられる大学と交流協定を結ぶことになる。また大学間協定を結ぶ大学を選考する要素としては、文系、理工系、総合大学、単科大学、重点大学、地理的条件、専門分野の特徴、創立者との縁、大学のある都道府県の姉妹都市などが考えられる。アプローチの仕方もさまざまであるが、現実には、自大学に招聘した客員教授を通じて交流が始まり、大学間の協定に至るのが自然である。しかし、政策的に中国の交流協定を結んでから中国との交流を始めようとする場合もみられる。その場合は、大学の首脳や国際交流関係者が先遣代表団を作り、相手大学の視察に赴き、その結果を学内の意思決定機関に諮り、協定締結にもってゆくことになるであろう。協定の内容はどうのようにするか。学術交流として授業担当者、研究者の相互交換、学生交流として院生、学部生の交換、訪問者の往来、図書資料の交換などの項目が考えられる。そしてその項目ひとつ一つについて費用の相殺、受け入れ側の負担、派遣側の負担を明確にしておく必要がある。そうでなければ実際に交流が始まった途端に相手大学との間で問題を抱えてしまうことになる。交流協定締結の原則は「平等互恵」（互いに利益や特典をあたえあうこと）である。しかし、平等という点ではすべて一律にそうするというのではなく、相手大学の事情によっては、「自大学の能力と学内事情に応じて」とすることが賢明である。また協定書は、以前は中国からの学生の派遣ができなかったので、学術交流を主とする協定が交わされたが、近年で

は、学術交流と学生交換の両方を謳った協定が一般的である。学生交換などの具体的な取り決めは、スケジュールや費用などが変化することもあり、協定とは別に了解事項を交わし、毎年更新する方が望ましい。協定書の発効は、「代表者による署名により発効とする」のか、「代表者の署名の後、双方の最高決議機関の承認により発効とする」とするのかは、大学の意思決定がどのようになっているかによって異なる。学内の機関で承認され、全権委任の学長が相手大学を訪問し、調印式で署名し、その場で発効とする場合もある。一方相互に関係者が相手大学を訪問した上で、事務的に協定書に署名したものを郵送で交換し、学内の機関で承認を受ける場合もある。なお、協定書には3年～5年で互いに見直しする旨の内容を盛り込んでおくことが望ましい。

2　学生の交換

　学生交換協定に基づく学生間の交流は、主に1対1での学生交換である。この交流ではせいぜい数人で、そう多くの学生を交換している例は少ない。その他に、日本から主として夏季休暇中に中国語研修プログラムを企画し協定校で実施するという交流も行われている。この場合は1カ月程度で、人数は30人程度である。愛知大学現代中国語学部のように数百人が中国現地で数カ月正規の授業を受けるプログラムもあるが、いまはまだ珍しい存在である。交換学生の毎年の交換枠は少なくとも互いの大学の学生が相手校で学ぶことは大変意義のあることである。それは交換学生だけでなく、その周りの学生たちに与える影響も大きい。また留学者が国際性を身に付けると共に、協定校への親しみや自国・自大学を見つめ直す機会ともなり、将来において両校並びに日中の大学生間の結びつきに少なからず貢献するであろう。

3 教員の受け入れと派遣

　学術交流協定に基づく教員の交流は、まず授業担当者の受け入れと派遣についてである。中国語、中国文化の授業担当者の招聘や、日本語、日本文化の授業担当者の派遣など、自国の固有分野での交換のほか、経済、政治、理工など共通の研究分野での招聘、派遣も行われている。これらの共通する分野では大学間の共同研究も進められている。次に研究員として、協定に基づき、中国から国際交流基金などで資金を受けた各専門分野の教員を研究員として受け入れ、また日本から留学者の派遣先とし協定校へ派遣するなども行われている。これらはそれぞれの側にとって利益や恩恵がなければ実施できない。

4 行政管理職員の受け入れと派遣

　行政管理職員の受け入れと派遣では、学長や副学長等の代表者の相互表敬訪問、国際交流部長や国際交流担当職員の交流事業の折衝のための訪問や往来のほか、中国側の教務処職員、人事処職員、財務処職員などが日本の大学行政管理の研究を目的とした日本での一定期間の研修、一方日本側では若手職員の中国語研修プログラム参加や幹部職員の中国の高等教育の現状視察といった交流が行われている。自大学と協定校の人的ネットワークの構築ができると共に相手校の教育制度や学内事情を知ることができる。行政管理職員の交流は、「平等互恵」であるとともに「自大学の能力と学内事情に応じて」交流を進める上で重要な働きをしている。
　なお、これらの学生、教員、行政管理職員の人的交流・往来は、それを通じて学内の国際化、中国人の日本理解、日本人の中国理解の促進と自大学並びに日中の人的ネットワーク構築に大きく貢献している。

5　学部学生の交換留学の実際と問題

　中国の大学の学期は、一般には9月から始まり旧暦の正月「春節」1月末までと「春節」の冬季休暇後から6月末までである。したがって、受け入れ、派遣にあたっては自大学の学期との調整が必要となる。日本からの派遣に際しては、準備の関係、受け入れ大学の学期の関係から北米の大学同様に9月から出発するケースが多い。ただし、帰国時には日本の大学での履修や卒業、就職活動などがスムーズにいく体制が必要である。一方中国からは、日本の大学の学期に合せてか、それとも他の理由によるのか4月から来日するケースが多い。中国の場合、3年生が中心で、おそらく中国に帰国後そのまま卒業ができるような措置がとられていると思われる。

(1)中国から日本へ

　中国から学生交換協定によって送られてくる場合、授業料は互いの大学間で相殺されたとしても、その学生の生活費、教科書等の費用はどのようになっているか。自費、相手大学負担のケースは少なく、多くは日本側の財団等の奨学金でまかなわれるケースである。また交換学生の場合、期間が限られるため学位取得を目的とすることはできない。そのためか日本語能力についても日本の大学の授業についてゆけるレベルの者は少ない。このような学生の受け入れでは、日本語学習の機会の提供、寮などの宿舎の提供、ホームステイの斡旋などの体制の整備が必要となる。また日本語の授業は他国からの交換学生と同じクラスを受講させることが望ましいが、英語圏の交換学生だけのクラスではなじまない場合も生じる。またホームステイについては、中国人留学生を受け入れてもらえる家庭を開拓する必要もある。中国人に対する偏見のある家庭もあり、このような受け入れを探すことに担当職員は苦労する。

(2)日本から中国へ

　日本から派遣する場合、同様に中国での授業料は相殺されなければならないが、たとえば、国際交流学院に所属し中国語を学びながら経済管理学院で専門の授業を受けようとした場合、受け入れられても学内の所属する機関以外では学費は相殺されない場合も生じる。また宿舎については外国人留学生宿舎のほか希望により民間のアパート斡旋も可能であるが、一部宿舎の相互免除のケースを除けば、かかる費用はすべて自己負担となる。日本人学生の現地での問題は生活のアメニティ、質の高い授業などである。これらの問題は、中国側の窓口担当者を通じて全学的に理解が行き渡るように働きかける必要がある。またテロやSARSなどの事例からも、留学生は互いにインターネットなどにより現地でも、世界の情勢、自大学からの連絡や自国の情報収集などの受信と、自分からの発信がいつでもできる体制を整えることが望ましい。

6　授業担当者の受け入れ、派遣の実際と問題

(1)中国から日本へ

　中国の大学での授業は日本のものとでは、授業の進め方、学生の教員に対する態度等で異なっている。当初、中国の大学教員を授業担当者として招聘する場合、一番無難なのが中国語担当教員として招くことであった。1990年代前半は、その中国語担当教員を招聘する場合でも、日本語が通じる教員ということで、中国語教育を専門とするのではなく、日本語教育を専門とする教員を招聘することが多かった。しかし、その後の交流の発展によって、中国語教育を専門とする教員を招聘するようになった。また文系では、中国語担当からそれ以外の文学、社会、法律、経済、商学等の分野に広がっていった。その理由には、受け入れ大学が経験を蓄積し、日本語が不自由であっても生活面、授業面等のサポートできる態勢が整いつつあることなどがあげられる。中国語教育を専門とする教員の招聘に当たっては、日本語能力のほか外国人に対する中国語

教育経験がどれほどあるかが重要なポイントである。理工系では、授業担当者の招聘は少なく、むしろ共同研究のような形での相互の往来、招聘と派遣というケースが多い。

　また授業担当に当たっては、日本人に日本語で中国の学問を教える場合、日本語能力のみならず日本のその分野の学問にも精通している必要がある。中国人学生ならば当然知っていることも日本人学生にとって初めて耳にする事情もあり、同分野やサポートしてくれる日本人教員が授業の準備に加わり、共同で授業をするなどの工夫が求められる。

　また日本での生活に必要な日本語と異文化適応能力があることが求められる。日本での生活もままならない状況では、到底授業に望むことはできない。日本での生活は中国に比べて便利な場合が多いので、適応は難しくないが、文化的な摩擦について十分な知識が必要であり、入国後にもオリエンテーションが必要である。

(2)日本から中国へ

　次に日本の大学教員を中国に派遣する場合について、派遣は中国人教員の招聘と似通った面もある。つまり、文系では当初日本語担当教員の派遣から始まり、文学、社会、法学、経済、商学の分野へと広がっている。しかしながら派遣する期間は、様々な事情から１年間の長期派遣は難しく、１カ月から２カ月程度の短期派遣が中心となっている。このような短期の派遣では、１学期間の授業を担当することはできないため、集中講義や講演を組み合わせた形での貢献となっている。注意すべきことは、短期間であるため日本を出発する前に十分な準備と打ち合わせが必要であること。名目だけの講義担当者、形だけの交流とならないためには、現地で専門知識のある通訳がいるか、授業内容が中国人学生に通じるかなど確認する必要がある。中国からの教員・学生を受け入れた教員の場合、現地で日本での教え子が通訳するというパターンを取っている。現地に日本で指導をしたことのある研究者がいれば、授業の準備から通訳までスムーズにいくことは間違いない。また一般に中国で授業を担当した場合の講師料は、日本と比較してはるかに低い、事前に中国側の受け

入れ条件を確認する必要がある。交流促進のために派遣する場合、相手校の受け入れ条件が不十分である教員に対して日本側で補助金を出すなどのケースも過去には見られた。また中国に派遣する教員が中国に対する不安や相手校に対する不信感がある場合には、事前に十分な情報を与え誤解を解き、友好関係を築く必要性を説くケースもみられる。

7　研究員の受け入れと派遣の実際と問題

　1980年代初期の大学間協定では、中国の教員が日本の大学で研究員として研究する場合が多く、一方日本の教員は中国の大学では、独自の研究を進める一方で講義担当を依頼される場合が多くみられた。つまり、純然とした研究員の交換、共同研究は少なかったのである。当時は中国の開放改革路線が始まったばかりで、中国の研究者は日本から経済、法律、行政管理などの方面で学ぼうとする姿勢が伺えた。一方日本の研究者は、一部の中国の古典研究者を除いて経済、法律などは先進国の欧米に目が向けられており、中国の大学と対等な学問交流は考えられていなかった。しかし日中間がお互いに不可欠の貿易相手国となり、政治的、経済的にも深く結びついたいま、中国の政治、経済学などを含む現代中国の研究は、日本の学者にとって必須不可欠のものとなり、共同研究も増え、日本から中国への派遣者も格段に増加している。共同研究や研究を実施する上で、一番重要なことは、互いの研究をサポートする体制の整備である。研究についての相談相手や助言を与える教員がいること、大学や受け入れ教員が自前の資料を公開し研究者に提供すること、研究発表の場を提供すること、生活面でサポートする職員がいることなどがあげられる。ただし、ここでも派遣する教員の中国語・日本語能力の問題、受け入れ教員の生活費・研究費の経済的負担などの問題があげられる。これらについては相手方に過大な期待をさせないように窓口となる担当部局間で事前に協議し、具体的な実施できる了解事項に定めておくことが必要である。協定交流の中で、双方の学内事情が大切にされなけ

ればならないのは、受け入れがうまくいかなければ、形式的な往来はできても交流は深まらないからであり、交流は派遣された者と受け入れた者の１対１の人間関係で始まるからである。

8　行政管理職員の受け入れと派遣の実際と問題

　中国からの行政管理職員の受け入れでは、前述のように、教務処、財務処、総務処、基本建設処、研究処、校長弁公室、学生処、図書館、人事処などの幹部行政管理職員が来学している。研修に付き合っていくうちに彼らの最大の関心事は私立大学の運営に集中していることに気がつく。関西学院大学の例では、来学者の研修テーマは、人事管理、財務管理、キャンパス建設、施設管理、厚生管理、学生管理、図書館管理、教学管理、教員組織、教員の任用と昇給制度、教職員の給与と退職制度、教員審査、教育研究成果の評価、大学予算制度、同窓会後援会組織などとなっている。一方、日本からの職員派遣は、若手職員の中国語研修、そして管理監督職員の短期間の中国高等教育の現状視察程度のもので、特に突っ込んで中国の教育制度や大学管理を研究しようとする職員は多くない。現状では中国の大学の行政管理職員の方が熱心であり、双方向の交流はできていない。しかし、日本の大学行政管理職員にとってもこの交流は、次の点でメリットがある。①大学の財政運営を見直す良い材料となる。②中国の大学を通じて世界の大学のマクロ的趨勢を知ることができる。③将来に向けての日中の大学の共通課題を見出すことができる。中国の大学行政管理職員に付き添って百貨店や名所旧跡などを回り、一緒に食事を共にする中で相互理解に努めることも非常に大切なことである。そして学内の各部局の管理職に職場の紹介をしてもらうなども、大事なことである。なぜなら、教員・学生の交流のトラブルは、そのような経験を持つ友好的な幹部職員と電話一本で解決できる問題が沢山含まれているからである。幹部職員一人の理解者が増えることは、一人だけの問題ではなく、受け入れ派遣全体に大きな影響を与える。

9　図書、資料等の交換の実際と問題

　図書、資料の交換は、一定期間ごとに大学を代表する部署間で交換し合う方法、たとえば図書館などを窓口として全学の紀要や雑誌、学内の出版物、学内教職員の発行した単行本など一括して相手校に送付する場合である。または部署ごとにそれぞれ交換する方法、たとえば、経済学部なら相手校の経済学部と直接図書、資料のやり取りを行い、やり方はそれぞれの部署に任せる場合である。前者の問題は、相手の学内事情でこちらから送ったものが各学部に行き渡らないことがあったり、各部署の刊行物が窓口部局に集まらなかったり、実際にはうまくゆかない場合が多い。また後者の場合も、郵送料や図書の利用価値などを考えると、継続しない場合も多い。一時定年退職の教員が寄贈した図書を中国の大学に贈るといったことも行われたが、中国の大学にとってあまり役に立たない図書も多く、郵送費ばかりが高くつき、効率的な交換ではなかった。図書、資料の交換も双方に目先の利益なくしては、交流の継続は難しいのが現実である。ではどのような交流が実際に考えられるのであろうか。現実的に一番役に立つ図書、資料の交流は、実際に相手側に選書してもらい、希望の図書、資料を代理購入して送ることであろう。しかし、その場合、図書資料の購入代金をどのような形で回収するかは難しい問題である。日本側からも同様に希望の図書を選書して相手校に購入を依頼し、相殺するという方法も考えられるが、等価の図書交換を考えた場合、日本の専門図書の値段は高く、中国は比較的安いという問題や、日本の要望する珍しい図書、資料は中国側でも入手できないなどの問題が残る。実際に一部の紀要、雑誌の交換に留まっているのが現状である。この分野での平等互恵な交流をうまく促進するためには、もう少し時間がかかりそうである。

10 「平等互利」の現実的意義

　「求同存異」(共通点を見つけ出し、異なる点は残しておく)という言葉は米中交流のキーワードとなったが、日中交流のキーワードは、「平等互利」(平等互恵、互いに利益や特典をあたえあうこと)である。しかし、現実にはこの理想には程遠い。現実面で現われる日中の関係は、目先の利益ばかりにとらわれ、なかなか互いに利益や特典をあたえあうまでには至っていない。中国との交流では、50年、100年といった遠い先の関係を視野に入れた交流を展開しなければと考えていても、現実には目先の利益なくしては交流の継続も実現されないのである。「平等互利」は、過去の日本の贖罪として経済的利益を中国側にあたえるものではない。また一方的な日本の価値観を相手に押し付けるものであってはならない。そこには歴史、文化、政治、経済、国土、人口などの国情の違いを相互理解した上での配慮がなければならない。中国の経済事情も大きく変化しているが現実の両国の物価格差からすれば、「平等互利」を経済的価値の等価交換に重きをおくことはまだ難しい。それは、中国側から考えれば、人と人との心を対等とした「合作」(協力、提供)の精神であり、これを具現化するには、現実に利益や特典を与えあえる事業を一つでも多く実行してゆくことであろうか。

【参考文献】

『関西学院大学吉林大学交流10周年記念誌』関西学院大学国際交流部(1993)

第4部　関係論文・資料編

I　関係論文

中国の教育制度と大学行政組織

関西学院大学　澤谷敏行

＊本稿は、大学事務職員の立場から 2000 年 3 月に分担執筆した『中国の中等教育機関のカリキュラムなどの調査・研究』をもとに大学行政組織等を加筆したものである。教育制度を専門的に紹介するものではない点、また一部データが古くなっている点ご了解いただきたい。

1　中国の教育制度概要

中国の教育制度は 6・3・3・4 制で、9 年の義務教育も 1985 年から開始され制度上は日本と同じである。しかしながら、人口 13 億（日本の約 10 倍）から就学人口の多さ、国土の広さ（日本の約 25 倍）、多民族（56 の民族）、多言語、経済の急速な発展など日本とは異なった問題を抱えている。たとえば、就学人口の多さから来る学校のキャパシティの問題、国土の広さから地域格差の問題、そのほか多民族多言語による多様なカリ

91

キュラム、経済発展に伴う地場産業を支える人材育成などである。

　2001年現在の小学生数は12,500万人、中学生6,514万人、高校生2,600万人、大学生1,175万人である。2001年度の中国全体の小学から中学への進学率は約95％で中学から高校への進学率は、約52％である。普通高等学校卒業生の大学への進学率は、約78％に達している。しかし2002年の大学募集枠は320万人であったが、大学受験者は大学入学枠の2倍近いおよそ570万人が受験したと聞く。つまり、いま中国の大学入学は厳しい受験戦争の時代を迎えている。

　中国では大学卒業者は現在でも限られたエリート的存在である。そのため一人っ子の親は子供に大学進学を目指させる。近年民営（私立）大学も生まれた。しかし、大学の受け入れキャパシティはまだまだ限られている。もし、普通高校に進学し、大学に進学できなかった場合に職業に就くための技術や知識を身に付けておかなかったら就職さえできなくなる。そういった意味でも中国の中等職業学校は重要なものとなっている。近年の社会主義市場経済の急速な発展に伴い、職業高級中学（職業高中）、中等専業学校（中専）、技工学校（技校）のカリキュラムは1990年代から大きく変化している。

　中国の教育制度は、日本と同じと言えるがその運営面では、各地方の多様性があり、また柔軟性も持っている。政府の一元的管理の下ではあるが、地方の各省毎にはかなりの裁量があり、柔軟な運営がなされていると考えられる。この点が教育制度の面で米国と似通っている。

　中国の大学は、1992年11月「211工程」の発表以降、一部エリート大学を世界に通じるサーチ・ユニバーシティへの強化、また各大学への権限の移管による一部事業の独立採算、大学の管理運営の強化、入学定員枠の拡大、教員と学生の比率の拡大、寮や食堂などの民営化＝アウトソーシングなどの改革が行われている。

　初・中等教育では、1985年から9年間義務教育となり、各地域の地場産業の発展にあった中等職業学校が次々に設置されている。また、上海などの大都会では一人子の親の経済力を当て込んで設備や教授陣の充実した進学率の高い私立小、中、高等学校も生まれている。（以下各項目を参照）。

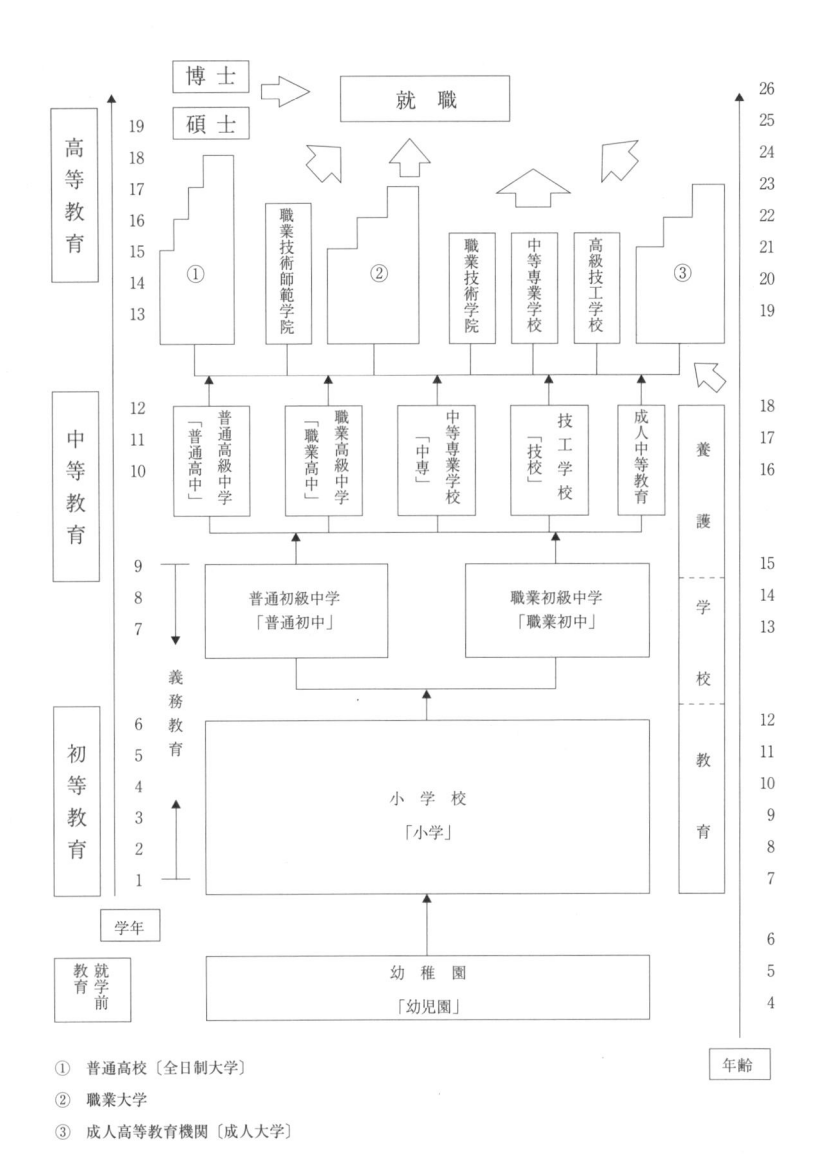

① 普通高校〔全日制大学〕
② 職業大学
③ 成人高等教育機関〔成人大学〕

中国学校教育制度（教育構造見取り図）

中国国家教育部『1997 職業教育年度』を参照し作成。

(1)小学校

1億2千万人以上の小学校在学生がいる。しかも生徒は一人っ子である。親が毎日学校まで送っていき、帰りも親が迎えに行くというのが中国では普通の姿となっている。一口に言って全てが過保護にならざるを得ない。小学校の年数は、1949年建国の後、1951年の学制改革では5年制、1953年の改革では6年制（初級小学校4年＋高級小学校2年）、1966年の改革では5年制、1977年の改革では6年制（一貫6年）と現在の形になった。ただし、5年制のものも一部1990年代まで続いた。この5年制を卒業した者が日本に留学した場合に大学入学資格の12年間の教育課程を満たさないとして問題としてきた。現在では各大学の個別に審査によって同等の学力として認定することができる。なお、現在の小学校は6年制のもののみであるが、小学校、中学校一貫教育の9年制の学校も生まれている。またレベルの高い民営（私立）の小学校も生まれている。2001年の小学校数は全国に約49万校（1億2,500万人）、うち民営は4,846校（182万人）となっている。

(2)中学校

中国では、中学校は「初級中学」という名称である。略して「初中」は3年制で1985年から義務教育である。1984年当時、高校と合わせた一貫の5年制と6年制もあった。その場合3年後に上級に進む進学試験が行われていた。これが1990年頃まで続いた。特に農村では5年制が多かった。極わずか数％であるが、卒業後に就職する者のために「職業初中」（職業中学）もあるが、ほとんどは高校進学を目指す「普通初中」（普通中学）である。

2001年の中学校数は全国に約6.6万校で、うち民営は高校を合わせて5,611校（233万人）となっている。2001年の中学から高校への進学率は約52％約895万人であり、高校に進学しないものが48％約835万人である。この状況は主に地方の農村部からの進学者が低いことによると推定されるが、この点が日本と大きく異なった状況である。

(3)高等学校
　中国の高校は、「普通高級中学」(普通高校)(略して「普通高中」と呼ぶ)、と「職業高級中学」(職業高校)(略して「職業高中」と呼ぶ)、のほかに、日本の工業、農業、水産等の高校に類する中等専業学校(「中専」と呼ぶ)や技工学校(「技校」と呼ぶ)がある。中専は、1977年に1966年以前の制度が復活したものである。1966年から1977年まではすべてが普通高中であったため、卒業後に工場で働く場合に専門の技術がなく大きな問題となった。職業高中等の場合、大学入試に失敗しても技術がなく職業につくことができないといった問題を緩和するために普通高から分離設置された。中専、技校においても大学入試「普通高等学校全国統一考試」が受験できる以外に、1997年より中等職業学校卒業生を対象とする別枠入試「対口招生」(専門分野の一致する生徒の募集)を受けることができる。2001の普通高中と職業高中、中専、技校の学校数、在学者数の比率は、14,900校1,405万人、6,737校383万人、3,260校458万人、3,470校135万人で、59：16：19：6である。1998年と比較すると、普通高中が学校数13,900校、生徒数938万人から生徒数50％の増加、中等職業高校3校の合計が学生数で976万人から17％(170万人)減少し、学校数は17,100校から20％(3,633校)減少している。普通高中すなわち普通高校が職業高中、中専、技校の中等職業学校3校の合計を上回り、逆転した。
　中等専業学校は、幼稚園教員や小学校教員を養成する中等師範学校と中等技術学校に分けられる。2001年の統計では、中等師範学校は、在学生数は、570校66万人である。一方中等技術学校は、2,690校392万人で、内訳は工業862校164万人、農業273校37万人、林業40校6万人、医薬447校62万人、財務経済488校66万人、政法107校10万人、体育173校8万人、芸術158校、12万人、その他142校23万人となっている。1998年と比較して、医薬、芸術、その他以外では学生数は減少し、学校数はいずれも減少している。つまり、財務・経済、政治・法律の需要は減少し、一方情報技術関係は増加している。時代の産業の要請に応えて、カリキュラムの改革だけでなく学校の新設や廃校が起っている。

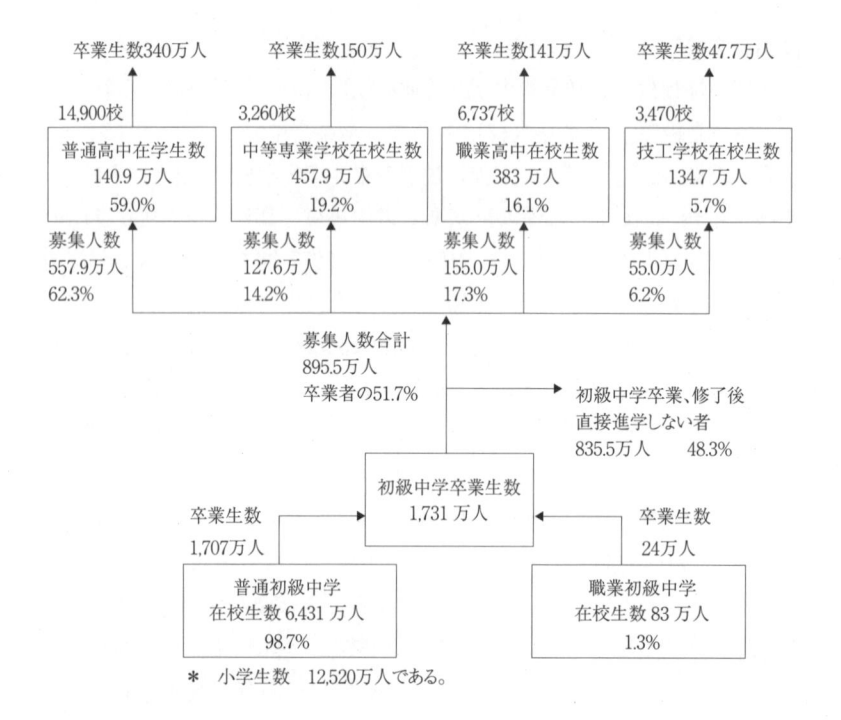

```
   卒業生数340万人    卒業生数150万人    卒業生数141万人    卒業生数47.7万人
        ↑                ↑                ↑                ↑
   14,900校           3,260校           6,737校           3,470校
  ┌─────────┐      ┌─────────┐      ┌─────────┐      ┌─────────┐
  │普通高中在学生数│  │中等専業学校在校生数│ │職業高中在校生数│  │技工学校在校生数│
  │ 140.9 万人 │    │ 457.9 万人 │    │ 383 万人  │    │ 134.7 万人 │
  │  59.0%   │    │  19.2%   │    │  16.1%   │    │   5.7%   │
  └─────────┘      └─────────┘      └─────────┘      └─────────┘
   募集人数           募集人数           募集人数           募集人数
   557.9万人          127.6万人          155.0万人          55.0万人
   62.3%            14.2%            17.3%             6.2%
```

募集人数合計
895.5万人
卒業者の51.7%

初級中学卒業、修了後
直接進学しない者
835.5万人 48.3%

初級中学卒業生数
1,731万人

卒業生数　　　　　　　　　　　　　　　　　　卒業生数
1,707万人　　　　　　　　　　　　　　　　　　24万人

普通初級中学　　　　　　　　　　　　　職業初級中学
在校生数 6,431万人　　　　　　　　　　在校生数 83万人
98.7%　　　　　　　　　　　　　　　　1.3%

＊　小学生数　12,520万人である。

2001年中等教育構造図

中国国家教育部『1997職業教育年度報告』を参照し作成。統計数字は『中国教育年鑑2002』より作成。

(4)大学

　中国では、大学は一般に「大学」または「学院」と呼ばれる。また高等教育機関の総称として「高等学校」（略して「高校」）と呼ばれるので注意が必要である。大学は総合大学（University）、学院は単科大学（College）と覚えておくとわかりやすい。国家重点大学など大きな大学には、その中に学院がいくつもある。その場合の「学院」は日本の学部相当と理解し、その下の「系」さらに小さい「専業」は、学科相当、コース相当と考えるとよい。さて、高等教育機関は、大きく分けて2～3年制の高等専科学校又は職業技術学院（短期大学相当）、4年制大学（一

部医学部6年制もある）と大学院（碩士学位研究生2～3年、博士学位研究生2～3年）である。なお、大学院は中国では「研究生院」と呼ばれる。その他にさまざまな形で行われている高等教育機関がある。たとえば、1979年から開始のテレビ大学、通信大学、工場内で労働者対象に行われる職工大学などの「成人大学」がある。さらに1981年から開始の自主学習者に対して試験によって学位を与える「高等教育自学考試」制度もある。

　2002年、2003年の学校数（入学募集定員）、在学生数は次の通りである。2002年の大学合計は、1,396校（320万人）、903万人である。うち2～3年制（高等専科学校又は職業技術学院など）767校（89万人）、193万人、4年制大学（一部医学部6年等を含む）629校（209万人）、657万人、その他機関（22万人）、52万人である。また大学院（大学、科学研究機構）728校（20.2万人）、50万人となっている。なお、2003年の場合、大学合計1,552校（382万人）、1,108万人、大学院合計募集26.8万人、在校生65万人となっている。中国が受け入れた留学生は、2002年現在85,829人で395校となっている。国別では韓国人約36,000人、日本人約16,000人、米国約7,000人、インドネシア約2,500人となっている。地域別では、北京35,000人、上海13,000人、天津4,700人江蘇省4,200人と続いている。大学別では上位から北京語言大学9,000人、北京大学4,000人、復旦大学3,000人となっている。また日本人の留学生では、「普通進修生」7,300人、短期生6,200人となっていて、学位取得を目的としていない留学生が75％を占めている。

　大学を管轄する母体は、教育部（日本の文部科学省に相当）、国の中央機関、地方政府がほとんどである。2002年の大学1,396校の所管による分類は、教育部に属する大学72校、中央の各部・委員会に属する大学39校、省・自治区・地方政府に属する大学1,154校である。このほかに民営（私立）大学131校がある。

　国家プロジェクト「211工程」で100の重点大学の選抜で、2002年現在に選ばれた大学、現在99校は以下の通りである。

　北京大学、中国人民大学、清華大学、北方交通大学、北京工業大学、

北京航空航天大学、北京理工大学、北京科技大学、北京化工大学、北京郵電大学、中国農業大学、北京林業大学、北京医科大学、北京中医薬大学、北京師範大学、北京外国語大学、対外経済貿易大学、中央民族大学、中央音楽学院（以上北京市）、南開大学、天津大学、天津医科大学、河北工業大学、太原理工大学、内蒙古大学、遼寧大学、大連理工大学、東北大学、大連海事大学、吉林大学、延辺大学、吉林工業大学、東北師範大学、哈爾浜工業大学、哈爾浜工程大学、東北農業大学、復旦大学、同済大学、上海交通大学、華東理工大学、東華大学、上海医科大学、華東師範大学、上海外国語大学、上海財経大学、南京大学、蘇州大学、東南大学、南京航空航天大学、南京理工大学、中国礦業大学、河海大学、無錫軽工大学、南京農業大学、中国薬科大学、南京師範大学、浙江大学、安徽大学、中国科学技術大学、厦門大学、福州大学、南昌大学、山東大学、青島海洋大学、石油大学、山東工業大学、鄭州大学、武漢大学、華中理工大学、中国地質大学、武漢水利電力大学、武漢工業大学、武漢測絵科技大学、湖南大学、中南工業大学、湖南師範大学、中山大学、暨南大学、華南理工大学、華南師範大学、広西大学、四川大学、重慶大学、西南交通大学、電子科技大学、四川農業大学、華西医科大学、西南財経大学、雲南大学、西北大学、西安交通大学、西北工業大学、西安電子科技大学、西安公路交通大学、蘭州大学、新疆大学、第二軍医大学、第四軍医大学、国防科学技術大学　以上99校。

なお、全日制大学の中国大学ランキングは、以下のホームページで見ることができる。

http://education.163.com/editor_2002/030212/030212_93472.html

(5)**大学入試制度**

中国大学の入試制度は、全国統一入試で行われる。全日制大学の入学試験「普通高等学校全国統一考試」は、1978年から開始され、2003年現在6月7日、8日、9日の3日間で行われている。2000年の入試から試験科目を減らして、国語、数学、外国語の3科目＋X方式が導入されている。Xは実施する大学と所属する省などの教育委員会が相談して

1科目から2科目追加して試験科目を決定する方式である。

　1997年頃から一部大学で入学募集定員の3％を別枠で職業学校3校（職業高中、中等専業学校、技工学校）の卒業生を対象として、5月から7月にかけて入試が実施されている。これは専門分野が一致した高校からの学生募集「対口招生」と呼ばれている。また成人高等教育機関への入学希望者へは、別途「成人高等学校全国統一考試」が実施されている。

　全日制大学の入学試験を受ける受験生の志願票には、志望の4年制大学及び2～3年制の高等専科学校を合せて希望順に15校記入することになっていて、合格者の選抜は、国家重点大学など志望者が多く合格最低点の高い有名大学、地方省所属の大学、高等専科学校といった順に、成績と調査書（個人情報の書かれたもので「档案」と呼ばれる）によって選抜される。各省ごとに志願者を成績順に募集定員の120％まで選び、その中から各大学の委員が選抜する。なお、2001年～2003年の全日制大学の入学試験の募集人数と受験申込者数は次の通りである。受験資格は25歳以下（外国語学部では23歳以下）で中等教育を受けた者、中等教育を受けた者と同等の学歴のある者（中学を卒業後、自習や成人教育機関にて教育を受けた者などで、所属する地区の教育委員会が中等教育機関卒業と同等と認定した者）となっている。

　　　2000年　募集人数　220万人
　　　2001年　募集人数　268万人
　　　2002年　募集人数　320万人
　　　2003年　募集人数　382万人
　　　2004年　募集人数　400万人

(6)**大学院**

　中国の大学院制度（中国では「研究生制度」と呼ぶ）は1981年から実施され、修士課程または博士課程前期課程の学生は「碩士研究生」、博士課程後期課程の学生は「博士研究生」と呼ばれ、それぞれ2～3年である。修士課程または博士課程前期課程では、一般に日本より1年長

い。大学入試が6月に行われるのに対して大学院入試は2月または4月に実施される。中国の学位は、学士、碩士、博士である。大学院の学生募集に際しては、どの大学のどの専攻が、碩士または博士を授与できるか、またどの教授が指導できるかが公表される。碩士の場合、授与する権利のない大学も募集することができるが、卒業するに当たっては他の碩士学位の授与できる大学に論文を提出しなければならない。1983年に中華人民共和国として初めての自前の博士学位を18名に授与した。学位授与の手続きは、中華人民共和国学位条例第9条によれば、大学または学位授与することのできる機関が、学位評定委員会を設け、そして専門分野に関する学位論文口頭試問委員会（中国では、「論文答弁委員会」）を組織する。この口頭試問委員会には必ず外部機関の専門家の参加を必要とし、学位授与機関によって決定され、主管する部門の承認を受けなければならない。とある。実際に碩士学位の口頭試問委員会は3～5人、博士学位の場合は5～7人で構成され、他大学の副教授、教授が含まれるのが普通である。また口頭試問の後、この委員会で討論、審査し無記名投票を行い3分の2以上の賛成で合格となる。その後主管する部門（教育部、中央の各部・委員会、各省・自治区）が承認し、国務院学位委員会に報告登録される。

2 中国の大学組織

(1)中国の大学行政組織

　中国の大学内の行政指導体制は、学内共産党委員会の指導のもとで学長分業責任制である。中国では学長は「校長」と呼ばれる。つまり、行政組織は学長責任制であるが、重要なことは共産党委員会、校務委員会で検討された後に学長が責任を負い執行する制度である。具体的な執行の組織は「校」（大学執行部）、「処」（大学の日本の各部相当）、「科」（日本の各課相当）の3段階で実行される。一般に大学の中央機構の行政組織は、学長室「校長弁公室」、教務部「教務処」、人事部「人事処」、総

務部「総務処」、科学研究部「科学研究処」、保安部「保衛処」、財務部「財務処」、外事部「外事処」、基礎建設部「基建処」、生産設備部「生産設備処」のほか、大学院事務室「研究生院業務処」、各学部事務室「各学院・系弁公室」、各研究所・センター「各研究所・各研究中心」、図書館、大学学術委員会、大学学位評定委員会などが設置されている。教務部は科学研究部、大学院事務室とも関連が深く、教務部「教務処」の中に科学研究課「科学研究科」と大学院課「研究生科」を置く場合もある。保安部は日本における派出所と同じ役割を大学内において果たし、学校守衛隊「校衛隊」を組織する。「外事処」は外国人との応接を専門とする部である。学長の業務を分担するために副学長が置かれている。副学長は教学担当（文系・理系で複数）、学生担当、総務担当、国際交流担当等4人〜5人いる場合が普通である。副学長は、一般に大学共産党書記と共に指導部「領導班子」の一員となる。

　大学内の共産党と大衆組織の管理機構は、一般に大学の共産党委員会の指導のもとに、党委員会事務室、規律検査委員会、組織部、宣伝部、統一戦線工作部、武装部等の部が設けられているほか、各学部、各研究所、各機関に必ず党委員会支部や党委員会分会が設けられている。その他に大衆団体として中国共産主義青年団委員会、労働組合「工会」、婦女委員会、学生会などがある。

　学部指導体制は、学長の指揮の下で学部長責任制である。重要なことは系務委員会で検討された後に学部長「学院・系主任」が責任を負い執行する制度である。この中での学部共産党総支部委員会の役割は、教学研究と行政業務に対して監督と保証を行うことである。

(2)中国の民営大学の行政組織

　中国にも民営大学、いわゆる私立大学が1990年台後半から生まれてきた。2004年4月現在、中国の国家教育部が認定した民営大学が197校ある（2005年2月25日光明日報によると228校）。民営教育については、「中華人民共和国民辦教育促進法」（2003年9月1日施行）が公布されているが。民営大学については、http://www.moe.edu.cn/

第4部　関係論文・資料編　　101

highedu/gxtz/mbpt_20040421.htm で大学名を確認することができる。この197校うち学士学位が授与できる「本科」は、たった8校で、189校は、「大専」（日本の短期大学レベル）の学歴となる「専科」である。大半は高度な職業教育を中心としている。また、これらの民営大学は、団体や個人の投資によって設立され、「董事会」＝理事会が経営を行う組織となっている大学もある。

以下は上海の民営大学「上海建橋職業技術学院」の組織である。

＊上海建橋学院は、2004年4月創立、情報技術学部、商学部、管理学部、外国語学部、芸術・デザイン学部の5学部を持ち、学生数約6,000人、実業家の周星増氏他の投資により設立。上海市教育委員会の管理の下で指導を受ける。なお、大学の名称は、パンフレットでは「上海建橋学院」となっているが、国家教育部で登録された正式名称は、「上海建橋職業技術学院」である。「職業技術」という名称を多くの大学は省略するため、「専科」の大学か「本科」を持つ大学か判別を難しくしている。したがっ

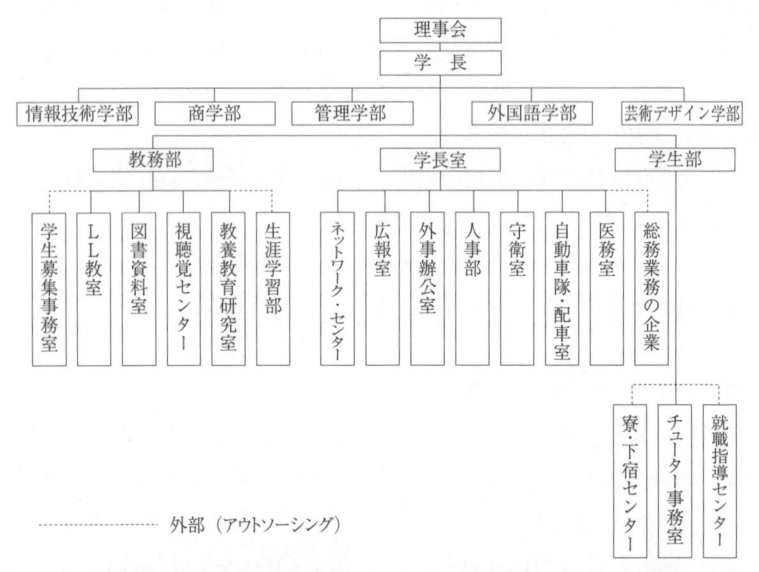

------- 外部（アウトソーシング）

中国民営大学の組織図──「上海建橋大学」の事例

「上海建橋学院」の紹介誌より作成。

て、「上海建橋職業技術学院」は「専科」の大学である。

(3)中国の大学行政管理職員の決裁権

　中国の行政管理職員は官僚であり、役人重視の傾向にある中国では、行政管職員は大学運営に明確な権限と地位を持つ。また米国の大学職員に似て一定の権限をもつスペシャリスト職員も存在する。事務系の肩書き「副研究員」は教員系の「副教授」とほぼ同じ待遇である。いろいろな問題の決裁は、委員会に諮らなければ決裁ができない日本よりはるかにスピードは早い。また執行体制も完全な縦型で実施される。中国との交流では、外国との交流の窓口となる外事処や留学生を受け入れる国際交流学院の担当者と折衝することになるが、彼らの決裁権は大きく、日本人では決裁力のある行政管理職員に信頼を置く。

(4)中国の大学改革——大学コンソーシアム「大学城」

　中国の大学改革は、文化大革命終結の1977年以降の全国統一入試に始まり、1980年中華人民共和国学位条例の制定、1985年教育体制改革に関する決定、1986年高等教育機関の財務管理改革実施規則、1993年中国教育改革・発展要綱の発表、1995年中華人民共和国教育法の制定、1999年中華人民共和国高等教育法の制定などの政策が発表されてきた。中でも1992年11月の全国普通高等教育工作会議で当時の国家教育委員会主任の李鉄映氏が発表した、21世紀に100の重点大学をつくるプロジェクト「211工程」は、中国の大学に競争原理を導入し、大学の質の向上、大学の行政管理の効率化を大きく揺り動かした。中国の中央の自由化政策を受けて、大学の法人組織化が進む中で、大学指導体制のイデオロギー性が薄くなり、学内に自主運営のメカニズムが出てきた。1993年8月に「民営高等教育機関設置暫定規定」により、民営（私立）大学の設置が認められ、外国資本から寄付金を集めるために理事会組織を持つ大学も生まれた。民営大学については、中国教育部のホームページでは、2005年2月25現在全国に228校となっているが、学士学位を授与できる大学は極わずかである。中国の大学改革は、中国の市場経済の発

展に伴い、大学が財政面で自主運営の方向を目指すのも時代の流れに他ならない。政府からの予算の3倍以上も独自の収入のある国や省の管轄する大学は、政府から10％程度の補助金を受けている日本の私立大学や州政府から15％程度補助金を受けている米国州立大学と財政上余り変わりがないといえる。中国の大学では、大学の負担となっていた食堂や学生宿舎等のアウトソーシングが進み、これまでの均等主義から自由競争の原理が導入されている。

1990年代の大学改革のキーワードは「共健」(中央と地方が共同して大学の建設に力を入れること)、「合併」(単科大学が多すぎるため合併を勧め共益性を高めること)、「合作辦学」(大学間の単位の互換、土地・建物など教育施設の共同利用を促進すること)であった。このような改革から2000年代に入って、日本でいうところの大学コンソーシアム(「大学城」と呼ぶ)が各地に生まれている。上海でも市の郊外に大学共通のキャンパスが設けられ、宿舎、食堂の共有だけでなく、他大学の授業も履修できるシステムになっている。

(5) 上海市の教育行政組織

地方都市を例に取った教育行政組織を以下に紹介する。上海市の教育行政組織は次のようになっている。高等教育については、図にあるように国家教育部と上海市教育委員会の2重の指揮の下で管轄されている。民営学校は市の下にある区県の教育局の管轄であり、技工学校は人民政府の労働局の管轄である。また成人高等教育機関は上海市教育委員会の管轄であるが、人民政府の各級各種の成人学校は産業部門、教育管理部門の管轄である。

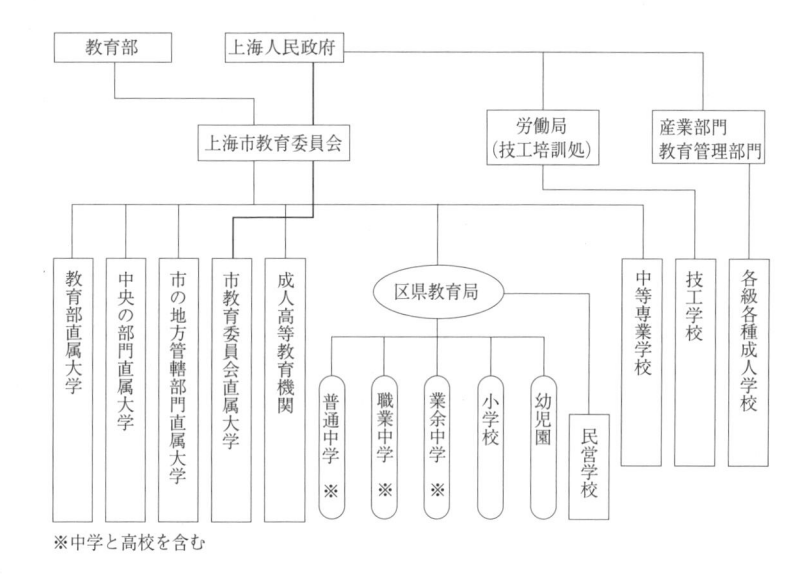

上海市の教育行政組織図

『98上海教育概覧』から作成。

※中学と高校を含む

【参考文献】

『中国統計年鑑2003』中国統計出版社
『中国教育年鑑2002』人民教育出版社
胡志平(中国大使館一等書記官)「中国留学諸手続について」2003.8.28 講演資料
澤谷敏行「中国の大学行政管理」『大学行政管理学会誌』第1号　大学行政管理学会（1997）
澤谷敏行・春木紳輔『中国の中等教育機関のカリキュラムなどの調査・研究』1999年度関西学院職員自己啓発研修報告書（2000.3）
澤谷敏行「中国の碩士学位論文の［答辯］を経験して」『中国文化論叢』第六号　帝塚山学院大学中国文化研究会（1997.4）

「日中留学交流の正常化」考

亜細亜大学　山本忠士

＊本稿は、2002（平成14）年3月に同志社学園琵琶湖リトリートセンターで行なわれたJAFSA中国SIGの研修会に参加し、そこで受けた刺激と共感をばねとして、日中の留学生交流についての考えをまとめたものである。いわば、中国SIG研修会の参加報告書でもある。リクルート『カレッジマネジメント』No.117、2002掲載の拙稿「留学生の入国管理トラブルをいかに防ぐか」も部分的に加えた。今では資料的に古くなった所もあるが、そのままとした。その点、あらかじめご了承を得たいと思う。(2004.11.16)

はじめに

　日本の留学生数は、過去最高の7万8千人（2001年5月現在）になった。特に、中国からの留学生は、対前年度比36.3％増（11,717人増）と、大幅に伸びた。中国が全体の55.8％（44,014人）と、圧倒的な比率を占め、第2位の韓国を3万名も引き離しているように、中国は、日本の留学生交流に圧倒的な存在感を持っている。日中の教育史上、最多の留学生数である。

　一般的に、在日留学生の多くは、日本語習得期間を含めて学部レベルで平均5年の長期にわたる学習期間を過ごす。留学生数が増大すれば、留学生も多様化し、留学目的もあいまいな者も在籍することになり、それだけ複雑な問題を抱えることにもなる。同時に、それぞれの国が抱える国内問題にも強い影響を受ける。

　昨今、問題となっている日中間の留学生問題は、やや単純化し二つの観点からこれを捉えることができる。

　第一は留学生を受け入れる日本側の問題である。酒田短大に見られるような、18歳人口の減少に伴う大学経営の悪化と結びついた留学生問題である。

日本側の受入れ事情には、アルバイトしながら学歴（学位）を取得できる「勤労学生支援システム」といってもよいほどの「資格外活動（留学生の週28時間を認可）」制度がある。この入管行政が、留学生のアルバイトを受け入れる企業を増加させた。人件費軽減策と連動するパート従業員市場に、若くて質の良い労働力として留学生が組み込まれてきたのである。大学の教室で得られない活きた日本社会の経験は、留学生の日本社会での経験の幅を広げることにもなっている。
　第二は、留学生を送り出す中国側の問題である。中国には、高等教育を受ける機会に恵まれない大量の若者層が存在する。また、卒業証明書などの偽造書類に見られるような、学歴、諸証明書類を偽造してでも高等教育機関卒業の「パスポート」を得ることにこだわる青年の存在がある。偽造書類が、街角の商売として成立するような大胆さは日本人の理解を超える不可思議さである。

1　今西さんの問題提起と現状認識

　今回の研修会では「日中留学交流の正常化」が、メインテーマとして取り上げられた。財団法人渥美国際交流奨学財団常務理事の今西淳子さんが、JAFSAのメイリングで問題提起された「日中留学交流の正常化を」に、触発されたものであることは、中国SIG研修会の「ミニ・シンポ」プログラム冒頭、澤谷代表の趣旨説明で紹介されている。
　「正常化」でなく「正常化を」と強調の「を」がついた提言の背景には、現状が「正常ではない」との認識から発せられた懸念の気持ちがあるように思われる。では、現状の何が「正常ではない」と認識されているのであろうか。
　今西さんの問題提起を私なりにまとめてみると、次のようになる。
1) 酒田短大に見る中国人留学生の受入れ問題をめぐる不祥事は、前代未聞のことであり日本人の中国人留学生イメージと中国人の日本の大学イメージ（ただでさえ国際競争力の乏しい）の双方を損ねた点で、

一短大の問題ではすまない内容を含んでいる。
2) こうした問題を生じた日本側の事情としては、①少子化の影響で定員割れの大学が多くなり、留学生受入れ需要が強くなったこと、②入管行政が緩和されたこと、がある。
3) 中国側の事情には、①中国における大学の不足によって300万人の若者が、大学進学の道を閉ざされていること、②教育を重視する儒教文化の伝統、③一人っ子政策によって6人の親族(両親と両祖父母)が、一人の学生の学費を支弁できるなど急速な経済発展による家庭の経済力が上昇したことがある。
4) 日中関係の悪影響を避け、この事件の影響が最小限にとどまることを願って、両国の教育行政関係者に次のことを要望する。
　①日本政府には、留学交流を積極的に推進する姿勢を示し正しい留学情報を伝えるために、中止された留学フェアを即時再開すること。②中国政府には、渡日前の入学許可に道を開く日本留学試験を採用し、試験によって自分の能力を証明できる、当たり前の留学システムに道を開くこと。
5) 結論的に、日中留学交流の正常化とは、むやみに留学生数の増加を計るのでもなく、エリートを招聘するだけでもなく、学生が学力に応じた希望の大学を目指せる普通の留学システムを構築すること、が必要である。

(1)当たり前の留学シシテム
　今西さんの、以上のような問題提起は、まことに正鵠を得たご指摘であり、日中留学交流の健全な発展を願う気持ちが、ストレートに伝わってくる。
　日本でも、アメリカでも、中国でも、外国の高等教育機関に留学するためには、以下のような条件が必要である。
　第1は、学歴、学力が、留学先大学が求める要件を満たしていること。
　第2は、留学先大学での使用言語が理解できること。
　第3は、留学生活を支える経済的な裏付けのあること。

第4が、健康であること。
　今西さんのいわれる「当たり前の留学」、「普通の留学システム」もこれらの条件を満たすことが前提となっていると考えても、間違いではないだろう。
　しかし、今西さんのいわれる「当たり前の留学」論は、正論であるが故に留学生の現実を知る者にとって、若干のギャップ、違和感が残る。それは、今西さんの正論のなかに、経済問題で呻吟する「日本の留学生」の姿が、あまり感じられないことから来るように思う。誤解を恐れずに申し上げれば、今西さんのイメージする留学生像は、経済的基盤のしっかりした優秀な留学生たちが「あるべき留学」の基本を形作っているのではないかということである。つまり「当たり前の留学」論は、量より質の向上を図るべきだとの主張であり、経済的な裏付けを欠いたままに来日する留学生は、結果として排除されることになるのではないか、ということである。
　入国管理の制度上、留学生は預金残高などの証明が確認されて、経済的に問題のない者に入国が許可されている。しかし、実際に留学生の個別の生活調査を実施してみると、日常の生活費ばかりでなく、学費すらアルバイトで稼がざるを得ない留学生が、少なくない。そこに、日本留学の現実があるのである。
　成績評価に関するクレームが最も多いのは、留学生である。評価点が低ければGPAが低くなり、結果的に奨学金の選考で不利な立場に立たされるからである。つまり、奨学金の獲得競争に勝ちぬくことは、名誉である以上に、生活に直結する重大事なのである。
　極めて率直に言えば、アジアからの多くの留学生は、先に記した4項目の「当たり前の留学」条件を満たしていない者が多いのである。仮に、日本政府が、「資格外活動」の規制に動き、アルバイトを不法就労と認定するようになったら、私費留学生の多くは、たちまち生活に窮し留学生数も激減するに違いない。
　日本の留学生は、その9割が、アジア諸国から来ている。これらの国と、日本との経済的格差は、厳然として存在する。例えば、2001年度

の各国の一人あたり GDP を比較してみれば、そのことがはっきりする。日本の GDP は、32,828 ドルである。1万ドルを超えるのは韓国、台湾。2万ドルを超えるのがシンガポールである。しかし、留学生の過半数を占める中国は 908 ドルである。インド 465 ドル、インドネシア 684 ドル、マレーシア 3,700 ドル、タイ 1,842 ドルである。

　資格外活動の申請によって、週 28 時間のアルバイトを認める政策も、こうした経済格差の現実から来ている。日本国際教育協会のまとめた『平成 13 年度私費外国人留学生生活実態調査』によると、留学生の8割がアルバイトをし、月平均 52,000 円を得ているという。学部の正規生では、実にその 87％がアルバイトをしている。

(2)現代の「勤工倹学」

　調査でも分かるように、私費留学生の日本留学は、アルバイトを前提とするケースが多い。日本での生活設計にしっかりアルバイトが、組み込まれている。私は、この実情を悪いこととは思わない。かつて中国の青年たち——周恩来や鄧小平など——を育てた留学制度に働きながらフランスで学ぶ「勤工倹学」制度があった。この名称に倣えば、4万名を超える日本の中国私費留学生にとって、アルバイトを前提とする日本留学は、日本版「勤工倹学」システムといえるのではないか。そのことを国も大学も、もっと明確に打ち出し、国・大学・地域社会が連携してアルバイトの条件整備を行ったらいいと考えている。留学生アルバイトを採用する企業に対して、税金面等の恩典を与えることも考慮されてもよいのではないか。そして、この日本版「勤工倹学」システムを日本型留学システムとして、発展途上の国々の青年に広げたらいい。数万人の留学生が、アルバイトで学費を稼いでいる現実を、利点として生かすべきである。

　世界に、これだけ多数の留学生にアルバイトの機会を与え、勉学継続を支援している国が、どこにあるというのだろう。彼等は、アルバイトではあっても、職務上の責任を与えられ日本人と共に働くことによって、日本人を知り、日本の企業システムを吸収している。いわば、インター

ンシップを経験しているといってよい。

　勿論、無条件にこの現実を、賛美するつもりはない。アルバイトをせずに勉強に打ち込むことができるならそれにこしたことはない。日本の大学は、成績評価が甘いから外国人でもアルバイトをして卒業できるのだ、との批判も確かにある。こうした批判には、謙虚に耳を傾ける必要があるだろう。しかし、その懸念は、多くの真面目な留学生の姿を見れば杞憂であることが理解されよう。付加価値のない留学が、帰国後に通用しないことを留学生もよく知っているからである。

(3)正しい留学情報

　また、今西さんが、指摘されている「正しい留学情報」の問題も、情報が多様化する時代にあっては、特に大切なポイントである。
　インターネット時代に入り、数万人の中国人留学生から発せられる日本情報は、留学情報を含めて、われわれが思っている以上に、膨大だと思う。日本の大学に在籍する留学生は、中国社会での「生きた日本教育情報」のキーマンであることは間違いない。もし、中国の国内に、誤った日本の教育情報が伝わっているなら、それを是正できる経験と力を持っているのは、留学生たちであろう。
　酒田短大の問題について、日本の新聞は、多くの留学生が来日後直ぐに新宿の繁華街に消えた話を伝えている。中国にいる時から、情報を仲介し具体的なアルバイト先を斡旋する個人若しくは団体が存在しなければ、ありえない話である。東京と山形の距離的な空間も承知していたことであろう。大学を利用した最短距離の「就労情報」即ち「ビザ」と「アルバイト」がセットで用意されていた、とも考えられる。もし、彼らが普通の中国留学生から日本の教育情報を聞いていたなら、もう少し事態は変わっていたのではないかと思う。
　短大側も信じられないような対応をした。東京でのアルバイトという既成事実を認め、急遽、サテライト教室を東京に開設したのである。入学間もない留学生が、アルバイトのために、山形から東京に出奔したとなったら、通常の大学なら学生の所在把握に奔走し、大学に戻すことを

第一義として努力するはずである。現状を追認し、新宿にアルバイト留学生のためのサテライト教室を開設するなどという、「気の利いた発想」は、とても既存の教育機関の発想とは思えない。

ひょっとすると、短大側は、山形に来る留学生達の留学目的が、必ずしも勉学でないことを予知していたのではないか。

この問題に対する中国側の報道は、日本の大学の金儲け主義的な受入れに対する批判が中心であった（読売 2001.1.25）、という。留学生に支払われるべき奨学金（UMAP 留学生支援奨学一時金支給）が、支払われていないという報道が、中国留学生を食い物にする日本の大学イメージとなって、報じられたのであろう。しかし、その報道が、いつ、どこの、なんという報道機関で報じられたかとなると、よく分からない。

中国の一般国民にとって日本で読売新聞が大きく取り上げた記事は、読まれることもない、遠い国の出来事であったに違いない。日本の報道が、中国にあまり伝わらないと同じように、中国の報道もあまり日本に伝わってこない。つまりは、双方ともに相手に対する適切な判断をくだせるような、日常的な情報の蓄積が、ほとんどないことに気づくのである。これも 21 世紀の、一衣帯水と形容される日中両国の現実である。

情報の少なさに加えて、報道される内容に日中間の体制の違いから来る視点の違いもある。中国は、高等教育法第 3 条に「マルクス・レーニン主義、毛沢東思想を堅持」することをうたい、教師法第 3 条は、教師の職責が「社会主義事業の建設者の育成」にあることを明確にしている。こうした国家目標の明確さは、普段は意識することもない。しかし、何か問題が起こったとき、日本のように、さまざまな情報がマスコミ間で乱反射するようなことはなく、情報は管理され、概ね中国国民を擁護する。日本から見て中国は、自分の非を認めない国とみる人がいると同様に、中国でも、日本人は自分の非を謝らない国民との認識があるという。

酒田短大生の行動様式からみると、大学の専門分野といった大学本来の勉学情報より、入学許可書の得やすさ、アルバイトのしやすさといった在留・就業情報が大きな比重を占めたと考えられる。その意味で典型的な「当たり前でない留学」ケースであった。

しかし、こうしたマイナスのケースばかりを過大視してはならないだろう。1905年頃、日本に留学した清国留学生は、1万人とも2万人ともいわれたが、その中で高等教育機関で正規の勉学をしたのは、わずかに1％程度であったという。1万人なら僅かに100人、2万人と計算すれば200人である。一般的には、短期的な簡便・即席の「お手軽留学」であったようだが、それでも日本留学は中国の青年に大きな影響を与えたのである。

　さまざまな問題を孕みながらも、現在の日中間の留学生交流が、これまでの歴史のなかで「画期的な時代」であることは間違いない。われわれは、そのことを十分に認識し留学生問題に対処すべきだと思う。

　日中の留学形態は、短期語学留学主体の日本と、長期の学部・大学院留学主体の中国という特徴がある。留学生数でも、日本から中国への留学生数をくらべると、中国から日本への留学生数がはるかに多い。このアンバランスは、日中の相互理解を考えた場合、必ずしも良い傾向とはいえないように思われる。つまり日本は、もっと長期留学生を中国に送る必要があるだろう。そうすることによって、日中は、質の高いコミュニケーション伝達のでき得る人材を、双方に持つことができるのである。

　日本人の中国留学に関していえば、中国は、日本人に対して本国人学生に比べてはるかに高い授業料設定をしている。これを本国人と同様の授業料設定にして、多くの日本人学生が中国で長期留学できるような支援策を考慮してほしいと思う。それが21世紀世界の大国としての、中国のあるべき姿、中国の矜持ではないかと私は信じる。

2　需要側・日本の国内事情

　近年の留学生の特徴は、かつてのように大都市周辺に集中するのでなく、北海道から沖縄まで全国に散らばっていることにある。具体的に2000（平成12）年度と前年度を比較すると、46都道府県のうち前年度より留学生数が減少したのは、秋田県、島根県の2県の大学だけであっ

たことからも、そのことが理解されるのである。

　最近認可される新設大学は、収容定員が1,000名以内の大学が多い。その点からいえば、4万4千人という中国人留学生数は、収容定員1,000人の小規模大学40校分に相当する。

　留学生の受入れは、受け入れること自体に問題があるのではなく、思慮を欠いた大学の姿勢に問題があるのである。定員割れに悩む大学にとって、今後も中国が魅力ある市場であることに変りはない。留学生の地方分散化は、大いに歓迎すべきことであるが、その結果、トラブルが拡散したのでは意味がない。

　例えば、朝日新聞山口版の2001年4月11日号は、「萩、国際大入学式、中国人留学生の6割欠席」との見出しで、入学予定者197人（内、中国人留学生が156人）の6割にあたる留学生が、手続きの遅れで入学式に欠席したことを報じている。ここにも、新入生の約8割が中国人留学生であるという地方大学の姿がある。ただし、そのことだけを取り上げて非難することは適当ではないだろう。例え苦し紛れの受け入れであっても、留学生教育がしっかりと行なわれ、留学生に支持されるのであれば、人情味豊かで生活費の安い地方留学には、都会にない大きなメリットがあるからである。

(1)急激な中国人留学生受け入れ大学の共通傾向

　近年になって急激に中国人留学生を多数受け入れるようになった大学には、共通の傾向があるように思う。

　第1は、少子化に伴う大学経営危機の問題との関連である。大学は、基本的に学生定員を確保できれば、経営を維持することが出来る。現状は、短期大学5割、4年制大学の3割が、定員割れを起こし、構造的とも思える危機にみまわれている深刻な状況にある。経営者（理事者）の立場に立てば、あらゆる方法を考えて、何とか大学を維持したいと考えるのは当然のことである。教育・研究の継続、教職員の生活保障、卒業生、地域社会に対する影響など、経営者（理事者）の責任としてあれこれ考えて最大限の経営努力をするであろう。

この観点に立てば、酒田短大も経営危機に瀕して、必死の生き残り策を模索し、学校経営上の「カンフル剤」として中国人留学生を受け入れたのであろう。カンフル注射とは「比喩的に、普通の手段ではどうにもならなくなった物事を回復させる非常手段」（広辞苑）とある。大学経営者にとって、万策尽きてどうにもならなくなっていた現実は、「大学の倒産」に直結する。「カンフル剤」としての留学生受け入れ施策の決定に対して、教授会も、評議員会も賛成するしかなかったのではないか。
　経営が順調であった時代の酒田短大は、地元の人達にとって役場に勤めるのと同じくらいに安定したよい職場と思われていたであろう。それが、少子化の影響によって、急速に経営危機にみまわれたのである。そして、生存を賭けた留学生戦略を実行し、それに敗れたのである。
　第2は、留学生受入れに果たした中国の留学斡旋機関の、影響力の大きさである。
　斡旋業者から送り込まれた、定員をはるかに超える留学生の出現は、学生募集に悩んできた教職員にとって、信じ難いような救いの神の出現として、愁眉を開く朗報であったに違いない。酒田短大での受入れの推進者は、恐らく学園を救うヒーローではなかったか。少なくとも留学生が、大挙して東京にエスケープする事態が表面化するまでは……。
　しかし、留学斡旋業者にとっては、ビジネスとして学生を大学に斡旋しただけのことである。大学は、自らの責任において留学生の選考を行い、入学を許可したのである。入学後に彼らが東京に出奔したとしても、学業とアルバイトが両立しなくとも、それは留学生本人の自由意思であり、受け入れた日本の大学の責任ということである。また、安定的な斡旋が続くのかということも、重要問題である。
　第3は、留学目的の不明確さである。酒田短大生のケースは、その行動から見れば就労目的と言われても止むを得ないであろう。なぜそれを見破れなかったのか、と責めるのは簡単であるが、経験に乏しい短大にそれを求めるのは、酷であろう。
　日本私立短期大学協会は、2002（平成14年）4月18日付で加盟短大に、会長名の「酒田短期大学の中国人留学生の受入れについて」と題する照

会文を出した。この照会文には、酒田短大理事長の「在学生の転学受入れご協力お願い」との文書と資料も同封されていた。

この資料によると、2000年4月入学の、酒田短大留学生56名の2年間の履修状況は、履修単位ゼロが25名、10単位未満が8名となっており、約60％の留学生の履修単位が10単位以下となっている。また、2001年4月入学の留学生196名のうち、過去1年間の履修単位ゼロが146名（74％）、10単位未満が23名（12％）で、実に全体の87％が10単位以下の履修となっている。圧倒的多数の留学生から、まともに授業に出た形跡がうかがえないのである。この数字から見る限り、「大学に騙された気の毒な留学生」という被害者的留学生像は、浮かんでこない。

第4は、留学生選考を含めて、教学サイドの姿、存在があまり見えてこないことである。

少子化による学生募集に悩む大学にとって、高等教育のマーケットとしての中国は、まことに魅力的である。生き残り戦略として、中国を重要なマーケットと考えるのは、間違った選択ではないだろう。問題は、肝心な「教育者の姿」が見えてこないところにある。先の酒田短大の「在学生の転学受入れご協力お願い」文書も、学長名ではなく理事長名で出されていることにも、そのことが端的に現れている。

仮に、ある大学が中国人留学生主体の大学になったとしても、日本の大学設置基準に準拠し、その教育内容がしっかりしているなら、中国に関心を持つ日本人を誘引する特色ある大学となったのではないか。問題は、大学の「教育内容」であり、学生達の国籍や使用言語ではないからである。

報道されている酒田短大の行為を見る限り、教育機関としての良心に欠ける点が見られ、大学としての誇りをなくした、恥ずかしいケースとして日中留学交流の歴史の中で「汚点」として記憶されることになろう。しかし、これはあくまで特殊な短大の、一過性の「事件」だと考えたい。従って、大学関係者に対する戒めとして、再発を防ぐケーススタディとして考究する必要はあっても、この事件を捉えて、日中留学交流全体が「正常でない」というような評言は、あたらない。

酒田短大の今年度の志願者は、ゼロであったと伝えられる。社会の信用を失えば、大学も、直ちに淘汰される。まことに厳しい時代になった。

3　供給側・中国の国内事情

　中国の高等教育整備は、すばらしい速さで進展し、急激に変りつつある。特に、複数の大学・学院が合併し、より大きな規模の大学になっている。インターネットでの大学情報公開も、かなり細かな点まで紹介されている。公式ページ中心ではあるが、平均的には日本の大学以上に丁寧な情報公開が行なわれ、デザイン、レイアウトも高いレベルにある。

⑴「エリート段階」の大学進学率
　中華人民共和国教育部のホームページに掲載された、陸至立氏の「2001年度教育工作会議での講話」によると、高等教育本科生の募集人数は、1995年の186万人（本科92.6万）から2000年には、376万に増加（本科生は58％の増加）し、大学院も1995年の5万人から2000年には12万余人と、140％の増加を見せたという。
　また、21世紀に向かっての教育振興行動計画では、2000年には、高等教育機関への入学率が11％前後になり、2010年には15％に近くになるとしている。アメリカの教育学者マーティン・トロウは、該当年齢人口に占める大学在籍率を指標とし15％以下をエリート型、それ以上〜50％をマス型、50％を超えるとユニバーサル・アクセス型と3つのタイプに分けている。この定義付けにあてはめると、現在の中国の大学生たちが、エリート階層であることは確かである。
　中国で「学位」が高い評価を受けているのも、上述のことから理解されるし、エリートの証ともなる大学学位の価値が、「偽造」を生む理由もうなずける。
　高等教育整備計画では、2010年で15％の入学率であるから、50％までのマス段階に至るまでには、まだ時が必要となろう。したがって、中

国が、世界の高等教育の大きなマーケットである時代は、当分続くように思われる。

1960年代から70年代にかけて、台湾でも類似の状況にあった。高等教育機関が少なく、多くの学生が、大学への道を閉ざされて日本を目指してやって来た。当時、日本の留学生数の第1位を占めていたのは、台湾からの留学生だった。近年、台湾経済の発展によって高等教育も拡大の一途を辿り、今では普通高校の卒業生数より高等教育機関の定員数の方が多い、とさえいわれるようになって、高等教育機関の厳しい生存競争が日本より早く展開されている。

中国でも、高等教育機関の整備充実の中で「民辦」（私学）セクターが認められ、急速に発展しつつあるが、まだ「学位」の認められているところはそれほど多くはない。社会的な扱いも、それほど高いとはいえない。

今後、経済発展が続き、国民所得が増加すれば、教育熱心な中国の人達にとって高等教育需要は、さらに大きくなるに違いない。そして、中国国内の民間有力者による強力でユニークな「民辦」（私学）の大学が誕生するようになれば、多様な教育需要を支え、名門大学をしのぐ評価を得るような大きな力になることも夢ではないだろう。

例えば、韓国では、浦項製鉄が創立した浦項工業大学は、短期間で歴史ある名門のソウル大学を超える評価を得ている。

さらに、外国の高等教育機関等が、中国の「民辦」（私学）セクターに進出できる環境が整ってくれば、資金、人的資源を投入し、中国の高等教育をさらに高度化、多様化、国際化させることも可能になるであろう。

今のところ、中国は、まだ国民の高等教育需要に十分に応えてはいない。そのことは、高等教育に対する人材供給のバイパスとしての「高等教育自学考試」の実施状況を見ればよくわかる。遠藤誉編著『中国大学全書』の解説によれば、「高等教育自学考試」とは、大学に行かずに自分で学習し本科4年制に課せられた25科目の能力試験を受けて大学卒業資格を得ることができる制度である。合格した科目は、1年に5科目、

2年10科目と加算し、最後に25あるいは26科目に達すればよい。

　第1段階として12、3科目合格すれば専科（短大レベル）修了の証書を取得できる、というように2段階になっている。年2回実施され、合格すれば学位試験を受けることが出来、それに合格すれば「学士」となる。一般に非常に高い実力を持っている人と評価されているという。

　『1998年全国教育事業発展統計公報』（1999年5月教育部）によると、同年の全国の高等教育自学考試受験者は、1,091万人で卒業証書の取得者は31.9万人、内訳は大学本科が3.6万人、専科修了が28.3万人であった。本科（学位課程）の厳しさが、際立っている。単純に計算すれば、合格率は2.9％である。まことに厳しい数字である。それにしても、一千万人を超える受験者数には驚かされる。それだけ向学心に燃える人達が多いということであろう。

(2)卒業証書の偽造問題

　2000年11月13日発行の「留学生新聞ニュースWEEKLY」第39号は、中国の全国紙「経済日報」の報道をもとに、中国で全国一斉の学籍調査が実施された結果、偽の卒業証書が多数摘発されたことを報じている。調査がいつであったのか、どのように行われたものか判然としないが、全国一斉の実施というから教育部など教育を統括する機関によるものであろう。その結果、高等教育機関の卒業生が、「実際の数より50万人から60万人も超過しており、その大半が偽造された卒業証書であることが判明した」という。広東省では、国家幹部の学歴・学位の再調査に乗り出したこと。また、今後、高等教育機関の卒業生をすべてコンピュータに登録し、各職場に閲覧させることで偽造防止に本腰を入れる案も出ているといる、と報じている。

　日本の大学関係者の中には、最近の新聞報道などを見て、中国政府は管理制度をもっときちんとすべきだ、と批判する人もいる。しかし、卒業証書の偽造に最も頭を悩ましているのは、当事者である中国の関係機関である。そのことは、中国教育部のホームページを見れば理解できる。ホームページには、中国の教育関係の多くの資料が公開されているが、

その中にある「学歴認証」の項目では、30に及ぶ学歴証書関係の通達等の資料が登載されている。それを見ると、中国の当事者が、如何にこの問題を重要視しているかがよく分かる。この通達は、日本で『偽造』問題が大きく取り上げられた2年前に出されているのである。この事実は、しっかり認識しておく必要があろう。

○「教育部、公安部関于加強学歴、学位証書管理和厳厲打撃偽造、売買学歴、学位証書的通知」(1998. 6. 2実施)

　学歴、学位証書に関する管理を強めて、学歴、学位証書の偽造商売に厳しい打撃を加えることに関する教育部、公安部連名の通知である。硬い印象のある通達に、「売買」(商売)などという言葉が出てくることに、偽造商売が成立している現実の広がりと根の深さを感じさせる。その強い危機感は、教育部だけでなく公安部(警察)が関与していることにも如実に表れている。

　この通知では、北京、広東、上海、湖南、湖北などの公安機関が、相次いで学歴、学位証書偽造犯人を逮捕したことを述べ、偽造書類や学歴の売買(商売)が、国家の学歴や学位に対する名声を貶めるばかりでなく、人事担当者の人事管理を混乱させ、社会に悪影響を与える犯罪活動であることを強い調子で表明している。それゆえに、中等教育、高等教育機関に対して学歴や学位証書の管理を強め、学歴商売や学位証書の違法な犯罪行為に対して痛撃を与えることの必要性を説いている。

　まず第1に各省、自治区、直轄市、教育庁に対して、所在地の中等、高等機関に対して、学歴、学位証書の管理を厳しくすること。国の学生募集と証書管理は、関連した政策であり学歴や学位の発給は規定どおりに行なうこと。国家の学生募集政策を無視した水増し入学、勝手なクラス運営、学歴の乱発をしないことが強調されている。

　学歴商売の概念の中には、学歴、学位等の学籍管理だけでなく、国の方針を無視した学生の水増し(乱招生)や勝手なクラス運営(乱辨班)もあげられている。学校の、定員を超える学生の水増し入学が、所轄庁に内密で行なわれていたことをうかがわせる。

　第2に印章や印刷を扱う企業に対する日常的な管理強化を指示してい

る。公安機関は、印章や印刷関係の企業の健全性を支援し、健全な登記制度の確立に努めて不法な印章や各種の学歴、学位証書を調査すること。所轄区域の日常的な管理と巡邏、社会的な統制強化によって学歴、学位証書ビジネスを根絶する。

　第3に、人事部門は人材招聘に際して、応募者の人事資料に少しでも疑問があったら、教育の所管部署、学校あるいは大学院の人材養成部門に尋ねること。教育の所管部門は、人事部門の学歴や学位証書に関する疑義に対して、真贋を鑑定し、もし偽物があったらそれを没収し、使用者及びその者の所属単位に対して厳しい行政処分を行なう。

　第4に、公安機関は、学歴、学位証書ビジネスを発見したとき、組織を挙げて速やかに対処し、有効な措置を取り、厳しく調査し、違法分子に対しては、厳重に処罰する。また、典型的な事例については、マスコミにそれを発表する必要がある、としている。

　この他に教育部単独の通知としては、

○「教育部関于印発〈高等教育学歴証書電子注冊管理暫定規定〉的通知」（2001年2月5日）

○「教育部関于重申高等教育質量、加強学歴文憑、学位証書管理通知」（2001年2月5日）

○「教育部辦公庁関于做好2001年高等教育学歴証書管理工作的通知」（2001年2月16日）

あるいは「証書的管理」、「第二専業専科学歴教育」、「学歴的承認」、「学位的定義」、「学位与学歴的聯系与区別」、「国家統一印制学歴証書的背景」、「現行学歴（学位）証書的管理模式（モデル）」、「教育部畢業証書式様子（見本）」等が出されている。

　こうした「学位証書偽造」に対する対策が、1998年6月2日付で出されているのは、それ以前からこの問題が、関係者にとって頭の痛い問題であったことを意味している。

　また、教育部のホームページは、学位証書の様式についても、大きさや体裁、色具合等を説明し、その真贋鑑定の材料として提供している。いかにも地域の広い中国ならではの対策である。

近年、北京大学などでは、卒業生名簿をインターネットを通じて公開しており卒業生が確認できるようになっている。中国は、国が大きいから一気に動かないけれども、動き始めると着実に動く。教育部の動きを見ても、若い有能なテクノクラートが、教育行政を着実に動かし、情報公開も進めている様子が感じられるのである。

4　相互不信招く「偽造書類」

留学生担当者にとって、担当者個人としての判断を求められる卒業証明書等の「偽造書類」は、まことに深刻な問題である。日本国内では、高校や大学の卒業証書が偽造されることなど、あまり考えたこともないからである。日本での偽造対策は、卒業証書に校章の「スカシ」が入る程度で、本人の写真貼付もなく一見まことに単純である。卒業証書は、額縁に入れて飾るものであって、実用的な役割は全くといってよいほどに果たしていない。しかし、中国や東南アジアからの留学生の中には、証明書類の一つとして顔写真つきの卒業証書原本やコピーを持参する例も珍しくない。

偽造書類の罪悪は、担当者を緊張させ、疑心暗鬼に陥れて「人間不信」にさせることである。信頼の基盤が壊されて、担当者は対応に苦慮する。怪しいと思いはじめると、どの書類を見ても疑わしく、見える。

今回の中国SIG研修会で配布された偽造書類関係の新聞報道を見てみると、問題点が一層はっきりとする。

この問題を大きく取り上げたのは、読売新聞（2001年1月25日朝刊）で、「日本就学で偽造書類」との大見出しで、中国政府公認の留学生斡旋機関が、文書偽造組織に発注して作成させたという「偽造証書」の写真を掲載した。斡旋機関が、正規の書類を作成できない応募者に偽造書類の請負サービスまでしている実態を報じている。そして、今後は「日中双方の行政機関による一段と厳格な資格・書類審査が求められることになりそうだ」としている。（ここでは、日本語学校の「就学生」問題が、

取り上げられているが、大学の留学生別科も、留学生を直接的に受け入れることから、同様な環境に置かれている）。

　新聞によると、偽造書類一件の平均価格は 800 元（12,800 円）で、北京大学など歴史の古い大学は高く、新設大学は安くなっているという。就学生がそれによってビザ取得に成功すれば、さらに 8000 千元（128,000 円）から千元（160,000 円）の手数料が手に入るという。全国の斡旋機関は約 200。北京には 46 機関あるが、少なくとも数機関が偽造書類を扱っているという。

　北京の日本大使館は「偽造に一部斡旋機関が関与している事実は把握している」とし、中国教育部報道センターも「通報があれば厳罰に処する」と回答したという。

　同紙は、別の紙面で中国側関係者の中に、日本側の「書類重視の対応」を疑問視する声のあることを指摘し、対日関係に影響を及ぼす懸念を報じている。

　一方、地方によっては、手数料次第で戸籍証明書類まで不正発給する「当局」もあることを報じ、「偽造社会」との小見出しを付けて、中国の状況を報じている。

　日本側の書類の求め方が悪いから、偽造書類が出るのであって、日本の対応に主たる原因があるような話を聞くと、正直のところがっかりする。たとえどんな理由があろうと、偽造書類を平気で作成し、提出する方が悪いに決まっている。これでは偽造書類を出す人間より、それを見破れない方が悪いということにもなりかねない。

　森山法務大臣は、1 月 25 日の記者会見で「本当に偽造があるなら重大な問題だ。外務省とも相談して適正に対処していかねばならない」と述べたという。26 日の読売新聞は、北京の日本大使館が、法務省入国管理局の「在留資格認定証」の偽造すら出回っていることを記者団に発表したことを報じている。

　また、同月 26 日の毎日新聞は、北京・日本大使館でビザ申請書類の偽造が 200 件あまりあったことから、同大使館は外交ルートを通じて中国政府に偽造対策を申し入れたという。

一連の新聞報道で意外に思うのは、この問題に対する中国側の受け止め方、対応に関するコメントがほとんどないことである。唯一、読売新聞1月25日号が、中国教育報道センターのコメントとして「通報があれば厳罰に処する」といった木で鼻を括ったような、そっけない記事を掲載しているのみである。中国国内での新聞報道もないようである。
　もし、日本でこのようなことがあれば、新聞は恐らく大騒ぎをして、偽造書類に名前の使われた大学関係者のコメントや文部科学省の指導等について取り上げることであろう。
　日本の大学の卒業証書偽造事件も、現実に起きている。数年前、東京入管の家宅捜索による押収書類から立命館大学の偽造卒業証書が発見されたことが報じられている。「押収した犯人の手帳から、偽造書類は千人以上に売却されたと見られる」という。どこの、誰に、どこの大学の偽造書類が売られたのか。大学関係者にとって背筋の寒くなるような話である。卒業証書はまだしも、証明書類になると全く無防備で用紙に「すかし」も「写真」もない。日本の大学も、国際化が進めば、卒業証明書類に写真を貼付する時代がくるかもしれない。こうした偽造書類の恐ろしさは、発覚しなければそのまま有効なものとして処理されるということである。
　最近、北京大学などで始められたインターネットを通じた卒業生の検索も、中国側のこの問題の深刻さを意識した対応であろう。日本の大学も、卒業留学生の増加や海外で就職する日本人学生の増加に伴って、ネット上での「卒業生検索」ができるように、用意しなければならない時代かもしれない。

(1)中国は、「不正防止」の先進国
　卒業証書に限らず、試験の「不正」をどのように防止するかは、中国を悩ませ続けてきた重要問題であった。宮崎市定著『科挙』（中公新書）は、中国の官吏登用試験であった「科挙」が、公正な試験を担保するための凄まじいばかりの対応策を行っていたことを記述している。
　例えば、「科挙」の最初の地方試験であった「郷試」の場合、受験生

の試験答案は、筆跡から判断して特定な人だけが有利に採点されると困るという理由で、全ての答案は、「写字係」が一字一句写しとったという。何万通もの答案を片っ端から写すわけだから、数千人の写字生が雇われる。さらに写し間違いチェックのために数百人の「校正係」にまわされ、答案原本と写字答案が読み合わされ、校正された答案だけが審査員にまわされて採点される。この間の責任者は明確に記録され、不正が発覚すれば処罰される。試験の係員は、長い試験期間中、缶詰状態になるという。

　この伝統は、台湾での大学入試である「連合試験」にも残り、かつては連合試験の出題者は、試験が終了するまで家族とはなれた別の場所に缶詰状態に置かれたという。試験の公平性は、目に見える形で担保される必要があるということであろう。逆に言えば、それほどに手を変え、品を代えての誘惑が多いということでもあろうか。

　偽造書類の頻発する中国と、あまり偽造書類の見られない日本との相違には、広大な国土の広さによる情報の伝わりにくさ、さらに教育観の違いもあるように思われる。

　しかし、偽造書類の問題は、対岸の火事ではなく、今後、日本の大学でも平素から偽造されないように、卒業証書や各種証明書類の管理対策を講じておく必要があろう。

5　入管行政──留学生担当者の役割変化

　わが国の出入国管理行政は、「円滑な外国人の受入れ」と「好ましくない外国人の排除」の両施策を通して、わが国社会の健全な発展と国際協調の進展に貢献することにある、という。(出入国管理基本計画(第2次)、平成12年3月24日、法務省告示第119号)。この基本計画でいうところの「好ましくない外国人」とは、主として不法就労外国人をさしている。

　「排除」という強い言葉の背後には、外国人犯罪の多発、不法残留者が約4万人・強制退去手続者約5万人(いずれも2000年度)という状

況がある。留学生の受入れについても、当然のことながら、この影響を受けることになる。

　私が、最初に留学生受入れ業務に関わった1960年代半ばの入国管理行政は、典型的な「由らしむべし、知らしむべからず」的なもので、留学生の入国管理トラブルに大学の担当者が、「問題点」をたずねても「個別的な案件にはお答えできません」と実にそっけなかった。

　しかし、現在では、大学と入管当局の風通しは随分とよくなった。留学生の在留資格認定書不交付理由についても、現在では「具体的な不交付理由項目」を記載した用紙が用意され、それらの不交付理由項目から該当に丸印を付けた書面で明示されるようになった。また、入管業務研修によって入国管理局への「取次申請者」認定の証明書が大学の留学生担当者にも交付されるようになり、在留資格認定書や資格外活動等が、大学を通じて「代理申請」することも可能になった。

　このように入国管理局、留学生、大学留学生担当者という関係が、かつてのような、〖留学生・大学留学生担当者〗──〖入国管理局〗という二者的な関係であったのが、近年の留学生の増加と、先に述べたような大学関係者と入国管理局との協力関係の進展によって、〖留学生〗──〖大学留学生担当者〗──〖入国管理局〗というように、大学の留学生担当者が、留学生と入国管理局の中間に位置する入国管理のファシリテーター（促進役）の役割を果たすような三者並立の立場に変ってきたように思われる。

　入国管理の各種トラブルに対しても、かつてのように入国管理局を「悪者」にしていれば済む時代ではなくなり、大学もまた、相応の責任を果たすべき存在として、留学生に対する責任が大きくなってきている。

　入学資格など入学選考に関わる証明書類は、基本的に日本人学生とそれほど変らない。しかし、留学生は外国人であるが故に、日本に入国、在留するために入管法で定められた①在留資格、②該当範囲、③上陸許可に関する基準、④立証資料、⑤在留期間の制約を受け、その條件をクリアしなければならない。大学もそれに対応する書類提出を、留学生に求めることになる。

(2) 留学生の増加とその問題点

　日本の留学生数は、昭和58年、留学生10万人計画が発表されてから順調な伸びが続いていたが、平成6年の61,515人から減少傾向に転じ、平成9年の58,271人を谷間として平成10年から再び増加してきた。中国留学生が、全留学生の56％を占めていることは、前にも述べた。このことからも理解されるように、日本の留学生問題とは、即ち中国留学生問題である、といってもよいほどの存在感がある。

　亜細亜大学の留学生実態調査では、アルバイトで、生活費ばかりでなく学費さえも稼がなければならない学生が多数存在する。図書館、学内清掃など、学内のアルバイトには、できる限り留学生を採用していただくようにお願いしているが、500名近い留学生に多くの機会を与えることはできないのが現状である。

　JAFSA（国際教育交流協議会）の2001年研修会で入国管理局の佐々木聖子補佐官は「出入国管理の現状と留学生の受入れについて」について講演し、質問に答えて「中国、ミャンマー、バングラデッシュの認定証明書交付に関わる審査では、この3国については、違う取扱いをしております。特に慎重な取扱いを行っています。提出書類も種々出していただいています」と述べ、国によって入国審査に温度差のあることを率直に語っている。問題のあるケースが、それだけ多かったからであろう。

　1999年にある教育情報社主催の中国の大連、済南の「留学生進学相談会」に出かけたが、中国の父母や学生たちが、日本の大学情報を実によく知っていることに驚かされた。インターネットユーザーが5千万人といわれる状況であれば、それも当然のことといえよう。

　日本語教育機関には、入学した留学生の不法残留率5％をボーダーラインとして、5％未満なら「適正校」、5％以上なら「非適正校」という区分がある。当然、入国審査上の取扱いに、この区分が学校の「信用度」として大きく影響する。日本語教育機関の場合、全国ベースで、「適正校」が51％、「非適正校」が49％だという。

　現在は、大学に適用されてないが、大学の留学生教育に不適切なケースが頻発すれば、大学にもこの基準が適用されることになりかねない。

6 留学生の入国管理トラブルの実際

——亜細亜大学のケース

　留学生受入れで、偽造書類問題ほど厄介なものはない。亜細亜大学留学生別科では、2000年の出願書類の中に数多く見られた。

　担当者が不審な書類を数点みつけ、各大学も同様な傾向にあるとの情報を得て、全合格者の書類チェックを実施した。この結果、中国からの合格者書類のうち約3割が、「偽造書類」であったことが判明し、関係者の顔面が蒼白になったことがあった。書類選考で合格者を決めている留学生別科にとって、提出書類が信用できない、ということは、相互信頼を基本とするシステムに対する重大な挑戦であるだけに、ことは深刻であった。

　主な偽造内容は、次のようなケースであった。
①存在しない高校の偽造卒業・成績証明書
②その大学に存在しない学部の偽造卒業・成績証明書
③別人名義の二つの入学書類に「同一人物の写真」が貼付されたもの
④卒業証明書と成績証明書の名前が異なるもの
⑤在籍していない学校の卒業・成績証明書
⑥当該学校と異なった様式の偽造証明書
⑦学校印が偽造されていた証明書
⑧偽造された預金残高証明書、給与証明書、在職証明書、公証書など、である。

　書類のチェックは、合格者40名ほどに対して行ったが、中国人スタッフが、ほぼ1ヵ月近く、毎日毎日、中国各地の教育関係機関に電話を掛け、事情を説明し、必要に応じては提出された書類のコピーをFAX送信し、真偽の確認をお願いした。中には、十分に対応してもらえない学校もあったが、大半は、好意的な協力を頂いた。

　こうしたチェックは、精神的に疲れるばかりでなく、時間と経費の掛かる作業であることを、改めて認識させられもした。精神的な疲労とい

うのは、「この書類は、本物だろうか？」という目で、ついつい書類を眺めがちになることから来るのだろう。

そんな時は、一生懸命に頑張っている在学中の留学生と話をするに限る。

7　入国管理トラブルをどう防止するか

アメリカの国際交流担当者の学会である NAFSA（全米留学生協議会）の 2001 年大会のワークショップで、アメリカが当面する書類偽造などの諸問題について「The Pinocchio Syndrome」（ピノキオ症候群）と題する発表が行なわれた。発表者は、オハイオ州クリーブランド大学の George Burke 氏ら 4 名の専門家で、アメリカでの偽造書類事例の報告が行われた。彼等は、それらの経験から次のような「偽造書類に関する業務のヒント」を示している。JAFSA の研究会でこのケースが報告されたが、日本の大学留学生業務の関係者にとっても極めて示唆に富む内容であり、以下にその概要を紹介したい。

1) ネットワークを作ること。海外に出かける教員等との連絡をとり、大学に関する情報入手の手助けや海外との新しい人脈を開発すること。
2) 学部の理事、アドバイザー、秘書、学部長、学長に会い、入学問題や偽造問題について話し合うこと。
3) 疑わしい場合は、国際関係に詳しい人に書類用語の訳を手助けしてもらうなど、大学のリソースを使う。
4) 出願者の疑わしい書類については、最新のものを保管しつづけること。
5) 偽造は、大学内外の人々によって行われるということを覚えておくこと。
6) 学生が所属していた機関に手紙を書き、本物の記録確認を頼むこと。確認の手紙の確率は、50％以下であろう。回答がなければ、学生に

義務として、出身大学に連絡を取り、直接に担当者のところに確認書を送ってもらうように依頼する。
7）開封された書類は、出願者から受け取らない。
8）出身大学が書いたものであっても、出願者によって送られた確認書は受け取ってはいけない。
9）偽造又は部分変更書類ファイルを作成し、疑いが実証されたファイルは壊さない。
10）実証された偽造例があれば、NAFSAの仲間たちに伝えること。そして、ファイルは壊さない。
11）全ての出願者が偽造に関わっているわけではないことを銘じておくこと。書類が疑わしい場合は、確認の依頼をする前に同じ機関から来ている書類と比較すること。
12）あなたの大学に出願する誰もが、偽造書類を提出しているわけではないという視点を持つこと。
13）参考フイルを常に更新すること。

経験から積み重ねられた業務のヒントは、まことに説得力があり、学ぶべき点が多い。

おわりに

留学生交流は、大学だけの問題ではない。例えば、卒業する留学生の周りには、多くの日本人の姿が見える。ホームステイ先のご家族であったり、国際交流団体の関係者であったり、アルバイト先の人であったりする。その度に、留学生の持つ「顔」の多様さに驚かされたりする。

われわれが、キャンパスで見る留学生の「顔」は、留学生の、ほんの一面に過ぎないと思う。明日の食事に困るような留学生もいれば、親から数千万円のマンションを購入してもらい優雅に生活している留学生もいる。

われわれが一人一人の留学生を見ているように、留学生もまた大学の

教職員を冷静な眼で見ている。外国留学は、母国とは違う緊張を伴う。だから、些細な言動にも傷つくことがある。自分が、留学先の環境でどのように扱われるかに非常に敏感にもなる。挨拶や感謝の言葉とともに人を罵る「悪口」を最も早く習得するのも、この故であろう。使うために覚えるのではなく、自分がどのように扱われているかを知る材料になるからである。

　留学生担当者は、地道に、国内外の人的ネットワークを構築し、情報の交流を行うべきだと思う。そうすれば、例え双方の国で「偽造書類の問題」がでても、的確な対応ができるであろう。JAFSAという傘の下にある、中国SIG（Special Interest Group）のような専門家集団の役割は、今後、ますます重要になろう。専門分化した担当者グループによる情報交換あるいは研修会などによって、留学生担当者の知識、経験は、確実に蓄積することができる。

　留学生担当者の「情報ネットワーク」が充実してくれば、「学校情報」に関する日中両国担当者の日常業務の向上、国際教育交流の発展に大きな役割を果たすことであろう。

　われわれは、日中の教育交流を促進する尖兵として、強固なスクラムを組む必要がある。

II 資料

教育交流ならびに中国人留学生等に関する資料一覧

広島修道大学　吉川明美

〈官公庁等関係資料〉

21世紀への留学生政策懇談会、「21世紀への留学生政策に関する提言」、1983年8月31日

留学生問題調査研究協力者会議、「21世紀への留学生政策の展開について」、1984年

21世紀に向けての留学生政策に関する調査研究者協力者会議、「21世紀を展望した留学生交流の総合的推進について」、1992年7月

文部省学術国際局留学生課長通知、「外国人留学生の受入れに係る機関保証書の積極的活用について（依頼）」、1995年7月18日

文部省学術国際局留学生課、「今後の留学生政策の基本的方向について（留学生政策懇談会第一次報告概要）」、1997年7月

日本労働研究機構『外国人留学生受け入れの実態と課題〜支援機関・留学生・企業ヒアリング調査結果報告』、1998年

日本国際教育協会編『私費外国人留学生のための大学入学案内2002年度版』

大学通信、2001年

対外関係タスクフォース「21世紀日本外交の基本戦略」、2002年11月28日

法務省『出入国管理統計年報』、各年

法務省入国管理局編『出入国管理（平成10年度版）』、大蔵省印刷局、1998年

文部省大臣官房調査統計企画課『諸外国の教育行政制度』、大蔵省印刷局、2000年

文部科学省編『諸外国の教育の動き　2001』、財務省印刷局、2002年

文部科学省編『教育指標国際比較（平成15年版）』、財務省印刷局、

2003年
文部科学省『我が国の留学生制度の概要』、各年
留学交流事務研究会編著『留学交流執務ハンドブック』第一法規、各年

〈図書ならびに論文〉
石附実『日本の対外教育――国際化と留学生教育』東信堂、1989年
石川啓二「中国留学生政策の変遷――社会主義政策権下の人材育成の一形態」『調査研究報告』40巻、学習院大学東洋文化研究所、1993年
井上雍雄『教育交流論序説』玉川大学出版部、1994年
江淵一公「留学生受け入れと大学の国際化――全国大学における留学生受入れと教育に関する調査報告」『高等教育研究叢書1』、広島大学大学教育研究センター、1990年
江淵一公「留学生受入れの政策と理念に関する一考察――主要国における政策動向の比較分析から」『大学論集』第20集、広島大学大学教育研究センター、1991年
遠藤誉「外国人留学生の日本企業就職と国際貢献」『留学交流』1992年11月号、(財)日本国際教育協会、1992年
王津「中国の留学生送り出し政策の沿革と留学ブームの推移」『中国教育月報』2001年10月号、(社)中国研究所、2001年
王立達著、于康・澤谷敏行訳「現代中国語における日本語からの借用語」『関西学院大学経済学部 エクス言語文化論集』第2号、2002年
大塚豊「中国高等教育関係法規（解説と正文）」『高等教育研究業書8』広島大学教育研究センター、1991年
大塚豊「第6章 中国――政治変動のはざまで揺れる教育」馬越徹編『現代アジアの教育――その伝統と革新［改訂版］』東信堂、1996年
大塚豊『現代中国高等教育の成立』玉川大学出版部、1996年
大塚豊「中国の大学の構造変化」『IDE――現代の高等教育』民主教育協会、No.441、2002年

大塚豊「1章　中国　大衆化の実現と地の拠点形成」『アジア・オセアニアの高等教育』玉川大学出版部、2004年

岡益巳・深田博巳『中国人留学生と日本』白帝社、1995年

奥川義尚・梶川裕司「中国人元留学生の帰国後の日本留学評価に関する一考察」『Cosmica（京都外国語大学機関誌）』28号、1999年

賀来景英・平野健一郎編『21世紀の国際知的交流と日本——日米フルブライト50年を踏まえて』中央公論新社、2002年

黒田千晴「中国の留学生受け入れ政策の展開」『国際文化学』第9号、神戸大学国際文化学会、2003

小林哲夫「日本語教育界を追う」『月刊　日本語』2002年4月号、アルク社、2002年

小林哲也『国際化と教育』放送大学教育振興会、1995年

佐伯胖ほか編『変貌する高等教育』岩波書店、1998年

澤谷敏行「中国の大学行政管理」『大学行政管理学会誌』第1号、大学行政管理学、1997年

澤谷敏行・春木紳輔「中国の中等教育機関のカリキュラムなどの調査・研究」『1999年度関西学院職員自己啓発研修報告書』、2000年

澤谷敏行・春木紳輔「中国の中等教育の現状」『研修紀要』第21号、関西学院大学、2000年

澤谷敏行「アジアへの海外留学」『留学交流』第14巻第7号、（財）日本国際教育協会、2002年

杉村美紀「中国における国家発展戦略としての留学政策」『東洋文化研究』5号、東洋文化研究所、2003年

田中宏「80年代における日本の留学生受入れ政策と中国人留学生」『季刊中国研究』、第18号、（社）中国研究所、1989年

段躍中『現代中国人の日本留学』明石書店、2003年

張紀濤「歴史にみる中国人留学生」『国際人流』、No77、法務省入国管理局、1993年

永井道雄・原芳男・田中宏『アジア留学生と日本』日本放送出版協会、1973年

莫邦富「在日留学生のある側面について」『季刊中国研究』、第18号、(社)
　　　中国研究所、1989年
平田幹郎著『中国データブック2000／2001――成長と格差』古今書院、
　　　2000年
牧野篤「中国の留学生政策－その歴史と現状」『留学生教育に関する
　　　調査研究――昭和62年度』名古屋大学教育学部、1988年
マーチン・トロウ著、天野郁夫・喜多村和之訳『高学歴社会の大学』
　　　東京大学出版会、1976年
薬進「在日中国人留学生の推移と現状」『中国研究』1990年18号、(社)
　　　中国研究所、1990年
吉川明美「広島修道大学における留学生へのサポート体制」『留学交流』
　　　第14巻第11号、(財) 日本国際教育協会、2002年
陸慶和著、澤谷・春木・切通訳『こんな中国人こんな日本人』関西学院
　　　大学出版会、2001年

　(中国語統計書等)
中国教育年鑑編集部編『中国教育年鑑1949-1981』、中国大百科出版社、
　　　1984年
中国教育年鑑編集部編『中国教育年鑑1982-1984』、湖南教育出版社
中国教育年鑑編集部編『中国教育年鑑』、1988年版-1998年版、
　　　人民教育出版社
『中国統計年鑑』、中国統計出版社、各年
李滔主編『中華留学教育史録』高等教育出版社、2000年

〈ホームページ〉
諸外国の学校教育のホームページ
(http://www.naec.go.jp/education)
中国政府のホームページ
(http://sevice.chaina.org.cn)
中華人民共和国国家統計局のホームページ

（http//www.stats.gov.cn）
中国高等教育学生信息網のホームページ
(http//www.chsi.cn/index.html)
中華人民共和国教育部のホームページ
（http://www.moe.edu.cn/）
国家留学基金管理委員会のホームページ
（http://www.csc.edu.cn/gb/）
中国留学服務中心（中国留学サービスセンター）のホームページ
（http://www.cscse.edu.cn/）

偽造書類事例
(受験時、入学時の提出書類、入国査証申請時の偽造書類の事例)

　JAFSA 中国 SIG 研修会(同志社リトリートセンターにて 2002 年 3 月 16 日実施)で行われた偽造書類問題について、事例研究のために提出された書類を一覧にまとめた。

1　預金残高証明

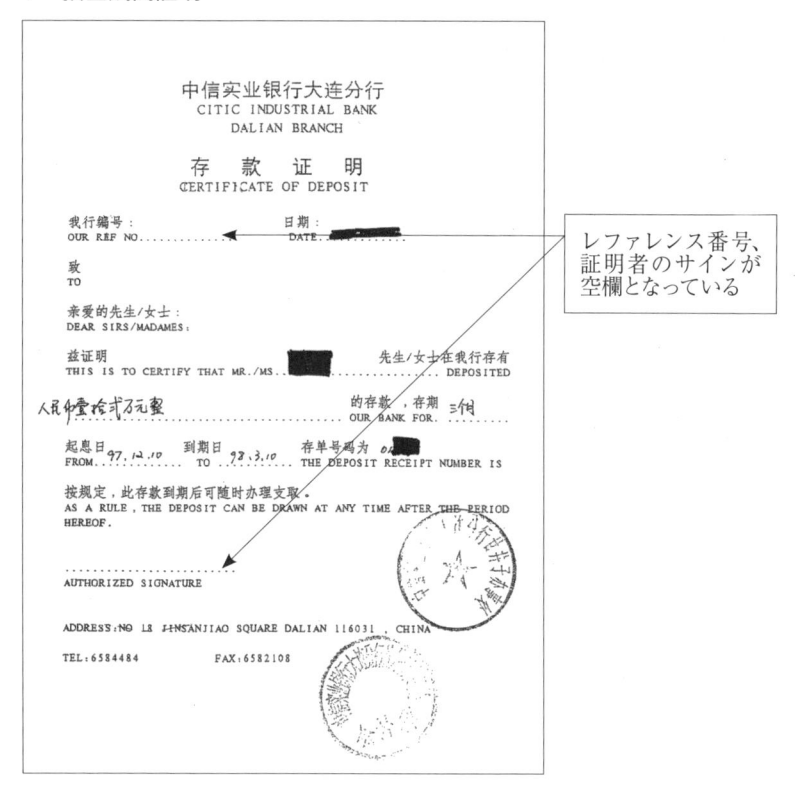

存 款 证 明 书
CERTIFICATE

号码 NO: 970125　　日期 DATE: ▮.10.10

致: 执事先生
TO WHOM IT MAY CONCERN:
兹证明 ▮ 先生/女士截止到 ▮ 年
WE HEREBY CERTIFY THAT UP TO MR/MRS
2月10日 在我行有存款如下:
MAINTAINED A FIXED DEPOSIT ACCOUNT WITH US.
贷币金额: 折╱120000.00 (折╱壹佰贰拾贰万元整)
FOR THE AMOUNT OF　IN　(CURRENCY)
存单(折)号: 4x1-9407030100▮
DEPOSIT CERTIFICATE (OR PASSBOOK) NO.
存单到期日: 1998.6.10
DATE OF MATURITY
此证明仅为存款证明, 不做任何担保及承诺
THE CERTIFICATE SERVES ONLY AS A DEPOSIT
CERTIFICATE WE ENGAGE NO COMMITMENT OR
GUARANTEE UPON THAT
本"存款证明B"副本无效
ANY DUPLICATE COPY OF THIS CERTIFICATE
SHALL BE CONSIDERED AS INVALID

经办人 TELLER:　　银行负责人 MANAGER:

中国银行呼和浩特市分行
BANK OF CHINA HOHHOT

本物は手書きのサイン

銀行残高証明の書類発行担当者が印鑑である。(通常手書きサインの場合が多い)

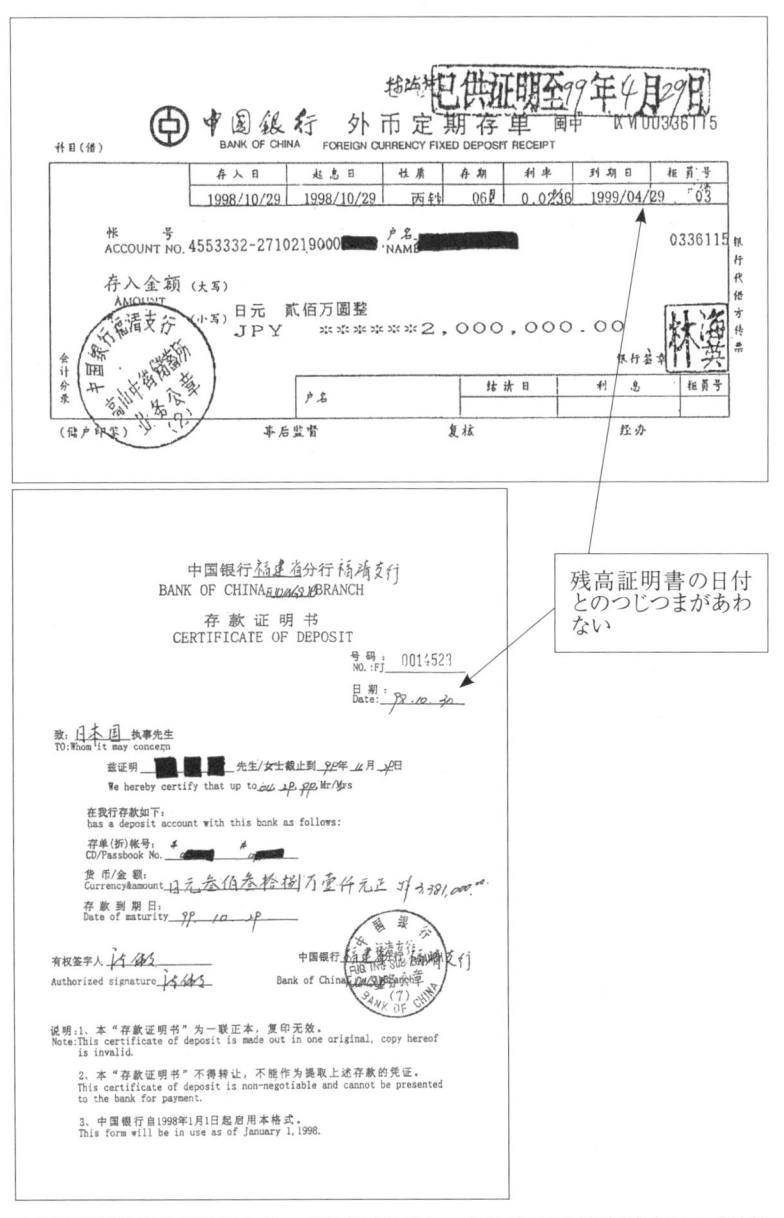

残高証明書の日付とのつじつまがあわない

中国銀行福建省分行福清支行の「存款証明書」の日付が同中国銀福清支行の「外幣定期存単」の証明する期間外となっている。

第4部　関係論文・資料編

2 在職証明

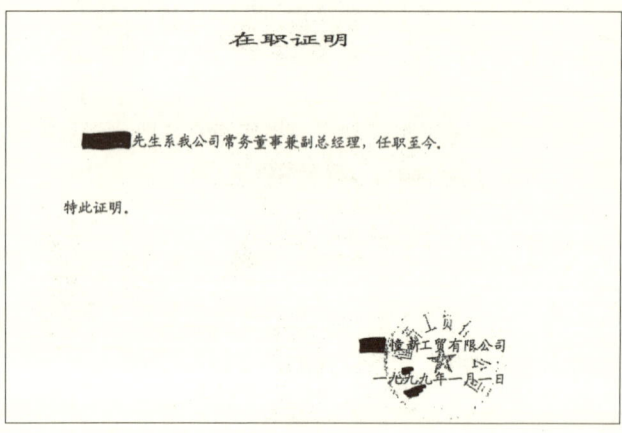

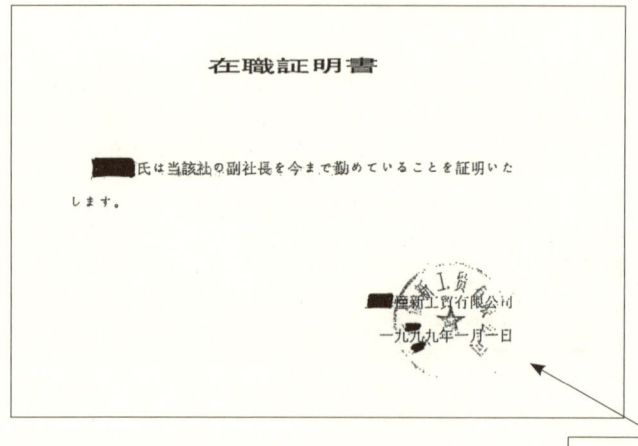

> 在职证明
>
> ■■■先生系我公司常务董事兼副总经理，任职至今。
>
> 特此证明。
>
> (印) 一九九九年一月一日

> 在職証明書
>
> ■■■氏は当該社の副社長を今まで勤めていることを証明いたします。
>
> (印) 一九九九年一月一日

→ 訳文にも印がある

在職証明とその翻訳が、同一の公印で証明されている。翻訳された書類には、会社の公印ではなく、翻訳会社の公印を使う。（ブローカーが介在している可能性）

3 ビザ取得のための書類

【経費支弁者の職業についての証明書偽造】

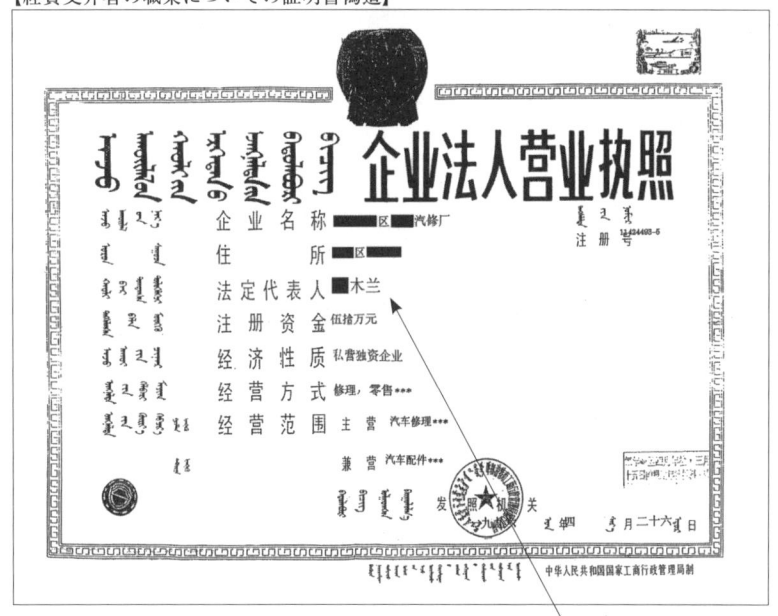

> この部分のみ字の
> 大きさが違う

営業許可書の法定代理人の部分だけが、文字サイズが大きい。(改ざんの可能性)

【I-20偽造】　　　　　　　　　　　　　　　【本物】

【偽造書類】

ナンバーがない

授業料が違う

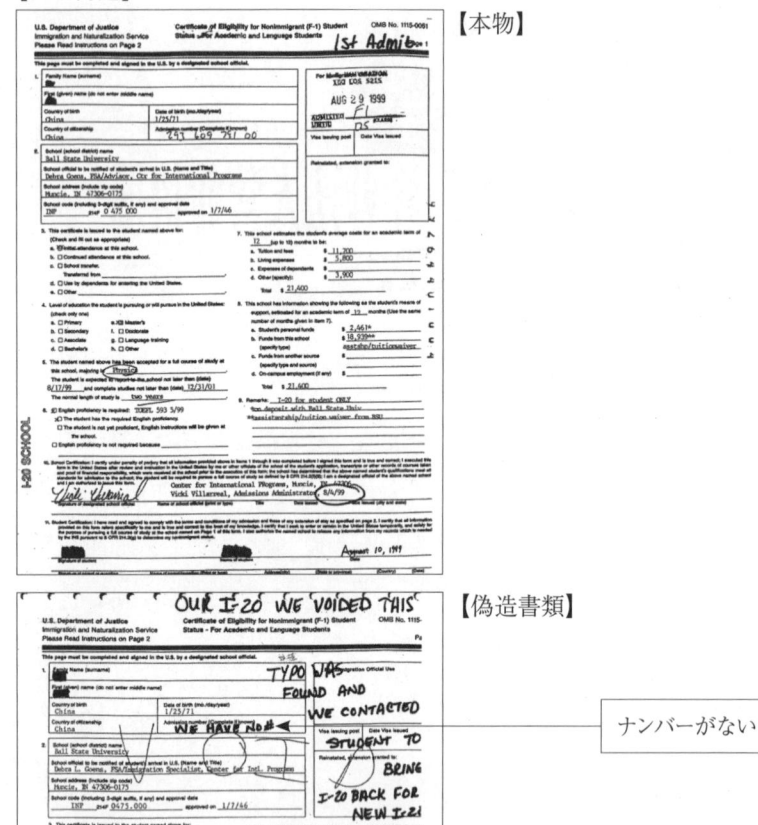

2001年 NAFSA（全米留学生協議会）のワークショップで、「The Pinocchio Syndrome」（ピノキオ症候群）と題する発表が行なわれた。アメリカでも中国からの留学生が提出する偽造書類に苦慮しているという事例。

配偶者の名前が変わっている

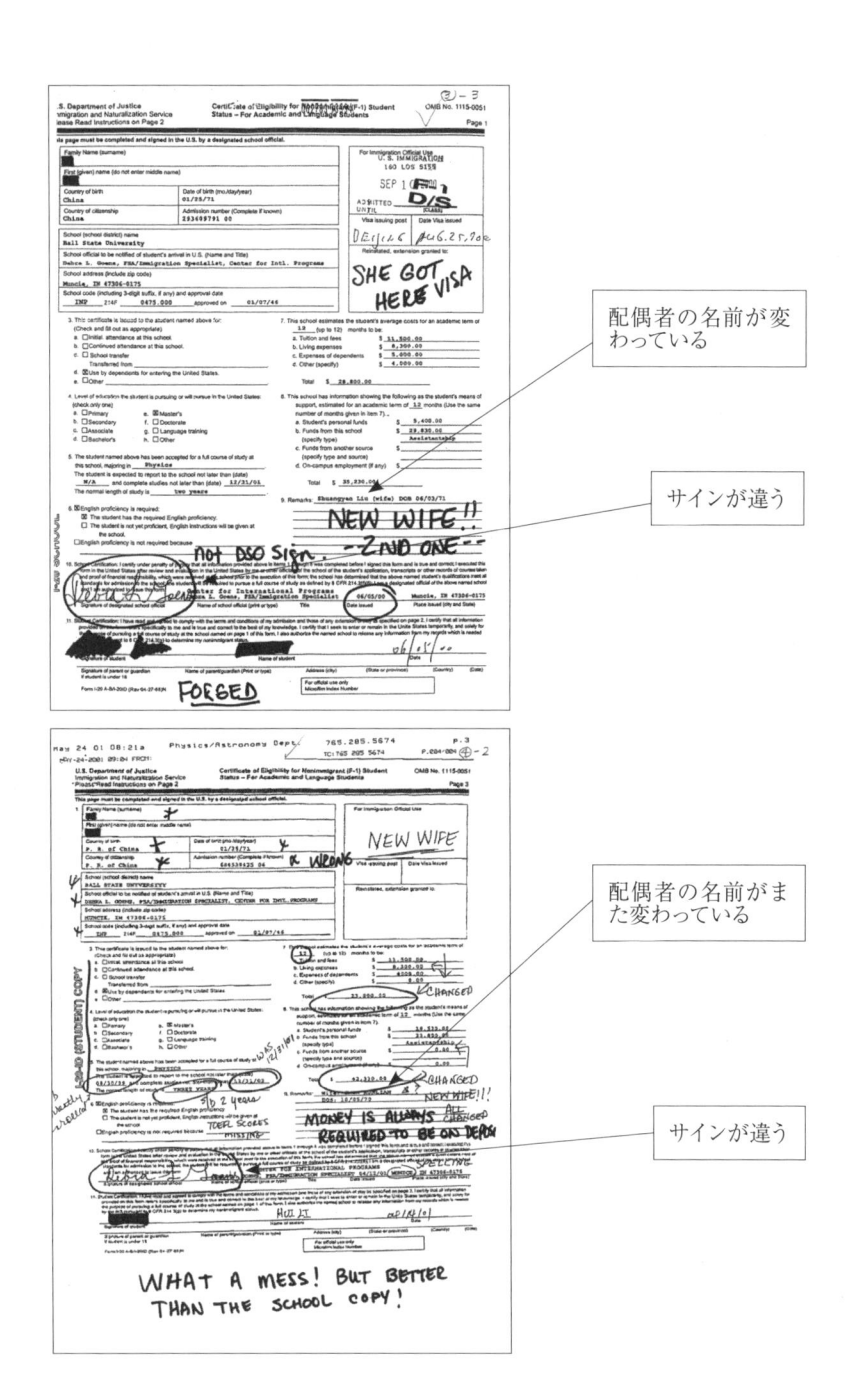

サインが違う

配偶者の名前がまた変わっている

サインが違う

第4部　関係論文・資料編　143

4 学歴証明

【学歴証明書の偽造】

> Wuhan Institute of Physical Education
> Wuhan, Hubei, 430070
> P. R. China
>
> █████
> ███████████
> ███████████
> Ball State University
> Muncie, In. 47306-0175, U. S. A.
>
> Dec. 30th, 1998
>
> Dear ██████
>
> ██████, ██████ is nineteen years of age and 193cm high. He graduate from the Wuhan Foreign Language Middle School in 1995, and had studied the English language for three years in there. On July, 1998, he graduated from the Hubei Experimental High Key School. Now, he is in his first year of student study for the Bachelor's degree in the Huazhong University of Science & Technology in Hubei. I hope to develop himself in the field of Computer Science for a student into your university. Very thanks that you can consider to exempt him from the Tuition and Fees during the University, and consider their lodging. It is without any question for me to provide Ye Nan's another living expense in USA.
>
> I hope to go through all their formalities as soon as possible and they

手書き: Letter from Father
手書き: HUST 98–present
スタンプ: FEB 3 1999

学業証明書には、1997年9月1日に入学したことになっており、つじつまが合わない。

(華中科技大学本科成績一覧表 — 学号 97402605、入学日期 09/01/1997、制表日期 12/26/2000)

手書き: Started 1. 98-now / HUAZHONG UNIV. of Science AND TECH.

RECU JAN 15 2001

144

【卒業証明書の偽造】

学業証明書には、1997年9月1日に入学したことになっており、つじつまが合わない。

【アメリカ総領事館発行文書の偽造】

Ball State Universityには、Diamond Machine Technologyという学問領域はない。

第4部 関係論文・資料編　145

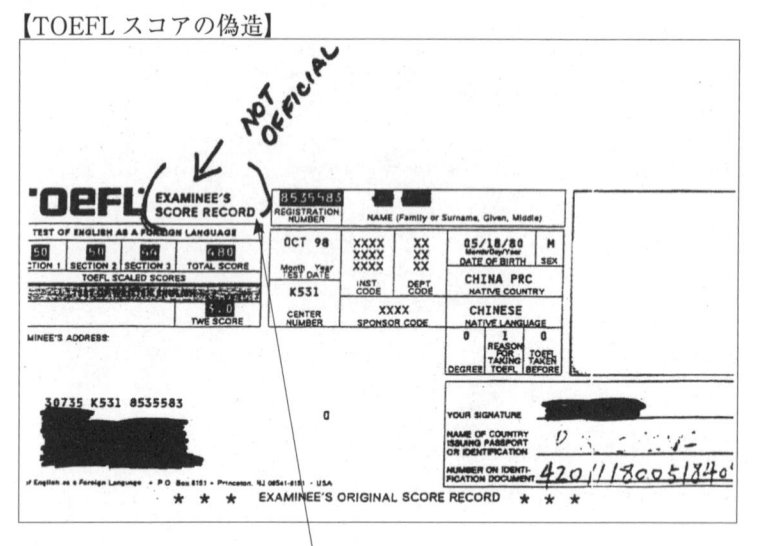

5 その他
【TOEFL スコアの偽造】

本物は、OFFICIAL SCORE REPORT と記載されている。

あ と が き

　2004年9月23日から27日にかけて、初めての日中留学生教育学術シンポジウムが上海で開催された。その報告によると、参加者は日本側51人、中国側143人で、双方から留学生の受け入れと派遣の現状について発表があり、その後の意見交換では、「どのようにして質のよい学生を呼び込むか」ということについて議論が交わされた。大学事務職員もこのシンポジウムに多数参加しその議論に加わった。

　日本の私立大学では、留学交流を担うのは主に事務職員である。にもかかわらず、従来から大学事務職員は数年ごとに配置転換が行われ、国際交流担当事務職員も必ずしもプロフェッショナルである必要はないとされている。

　それでは私たち大学事務職員は、劇的に変化する中国の教育事情と日中の教育交流の発展を目のあたりにして、どのように立ち向かえばよいのだろう。中国との交流で見られる知識や業務の高度化への対応は、担当者個人が孤軍奮闘することで果たして十分に対処が出来るのだろうか。私たちは、それよりも各機関の担当者がスクラムを組み、幅広い視野で情報発信し、情報の共有化をはかることこそが大切であると思う。

　本書は、中国のスペシャリストでなくとも様々な問題にも適切な対処ができるように知識や事例が掲載されている。中国との交流が活発になるにつれて、生起してくる様々な問題に直面した際、ぜひ本書を活用していただきたいと思う。また、コラムには中国の今を伝える事象を数多く取り入れている。ここだけでも十分に読み物として楽しんでいただけると思う。

　本書は、各執筆者の努力の賜物であるが、誤解を生む表現や説明不足もあるかと思われる。本書を活用された方々からのご意見をお待ちしている。最後に編集に際しては、関西学院大学出版会編集部の方々に大変お世話になった。ここに深く感謝申し上げたい。

2005年3月

吉川　明美

【執筆者紹介】（執筆順）

澤谷敏行（さわたに・としゆき）

関西学院大学言語教育研究センター次長。JAFSA 中国 SIG 代表。蘇州大学大学院中国現当代文学研究科修了。主な業績として、「魯迅与斯蜜斯、安岡秀夫関于中国国民性的言論之比較」（共著）『魯迅研究月刊』1997 年第 4 期、「中国の大学行政管理」大学行政管理学会誌第 1 号 1998.3、『中国と日本の留学交流－担当者のための基礎ノート』JAFSA ブックレット③ 1999.7〈共著〉、『こんな中国人、こんな日本人』関西学院大学出版会 2001.12〈共訳・編〉。
（第 1 部第 1 章、第 3 部、第 4 部関係論文、コラム）

春木紳輔（はるき・しんすけ）

関西学院大学国際教育・協力センター主任。関西学院大学法学部卒。北京第二外国語学院留学（1985 年 4 月～ 1986 年 3 月）。
（第 1 部第 2 章、第 2 部第 2 章共同執筆、コラム）

切通しのぶ（きりとおし・しのぶ）

熊本学園大学国際交流センター職員。熊本学園大学大学院国際文化研究科修了。北京工商大学留学（1989 年 10 月～ 1990 年 10 月）、運輸省国家資格通訳案内業免許（中国語）取得。主な業績として「『統一切経音義』における希麟音切の考察」九州中国学会報 第 42 巻 2004.5、「JAFAS・CAFSA 共催『日中留学教育学術シンポジウム』その意義と成果」『留学交流』2004 年 11 月号、「中国の大学との協定締結について」『Between №203』2004.4。
（第 2 部第 1 章、コラム）

黒田千晴（くろだ・ちはる）

神戸大学大学院総合人間科学研究科博士前期課程修了、博士後期課程在籍中。北京外国語大学日本語教員助手（1998 年 3 月～ 1999 年 2 月）、北京師範大学教育学院国際与比較教育研究所高級進修生（2003 年 9 月～ 2004 年 7 月）。主な論文として「中国の留学生受け入れ政策の展開」『国際文化学』第 9 号、2003.9。（第 2 部第 1 章 奨学金、コラム）

松尾　隆（まつお・たかし）

成蹊大学企画運営部入試課職員。早稲田大学法学部卒。清華大学、北京大学に短期留学（1997、99）、北京師範大学に留学（2004 年 2 月～ 2005 年 1 月）。主な業績として、雑誌『中国語世界』コーナー「日中超活躍的人」2001.3 ～〈分

担執筆)、『100人@日中新世代』中央新書ラクレ 2002.9 〈分担執筆〉、「大学職員@北京留学中」『留学交流』2004年6月号。
(第2部第2章共同執筆、コラム)

山本忠士(やまもと・ただし)

亜細亜大学アジア夢カレッジ推進室参与。日本大学大学院総合社会情報研究科国際情報専攻修士課程修了。香港中文大学新亜書院商学院経済学系留学(亜細亜大学との交換留学 1963年9月～1965年7月)。主な業績として、日本私立大学連盟編『私立大学のマネジメント』第一法規刊 1994.5〈分担執筆〉、「日中間のコミュニケーション・ギャップ考(2)」日本大学大学院紀要第5号 2004.3、日本私立大学連盟編『私立大学の経営と財政』開成出版 2000.3〈分担執筆〉。(第4部関係論文)

吉川明美(よしかわ・あけみ)

広島修道大学総務課職員。広島大学社会科学研究科マネジメント専攻修了。
(第4部資料一覧、偽造書類事例、全体レイアウト)

大学事務職員のための日中留学交流の手引き

2005年4月28日初版第一刷発行

著　者　澤谷敏行(代表)

発行者　山本栄一
発行所　関西学院大学出版会
所在地　〒662-0891　兵庫県西宮市上ケ原一番町1-155
電　話　0798-53-5233

印　刷　協和印刷株式会社

©2005 Toshiyuki Sawatani
Printed in Japan by Kwansei Gakuin University Press
ISBN 4-907654-73-1
乱丁・落丁本はお取り替えいたします。
http://www.kwansei.ac.jp/press